es 1313
edition suhrkamp
Neue Folge Band 313

Oben, auf der Mastspitze, im Ausguck sitzen die Kolumnenschreiber. Karten auf den Knien studieren sie Untiefen, Küstenlinien und Fahrtrinnen. Manchmal, wenn sie in Verlegenheit kommen, bedienen sie sich der Hilfe sozialwissenschaftlich versierter Geographen, die ihnen die fehlenden Stichworte zurufen. Die »formierte Gesellschaft« war ein solches Stichwort in den sechziger, »Unregierbarkeit« und »Wertewandel« bestimmten die siebziger Jahre. Es gibt Anzeichen dafür, daß dieses Jahrzehnt das des »Neokonservatismus« ist.

Der vorliegende Essay geht davon aus, daß nicht das Wort »Neokonservatismus«, wohl aber das, was es objektiv bezeichnet, die politisch-intellektuelle Szenerie westlicher Gesellschaften noch bestimmen wird, wenn die tagespolitischen Umstände, unter denen es seine gegenwärtige Karriere antrat, längst in den Archiven der Zeitgeschichte verschwunden sind. Deshalb zeichnet er zunächst nach, wie die neukonservative sozialwissenschaftliche Intelligenz in den USA und der Bundesrepublik die zentralen politischen Diskurse »besetzt« hat. Der praktisch-politische Erfolg ihres semantischen Feldzuges in den siebziger Jahren liest sich wie eine Bestätigung von Gramscis Behauptung, daß die politische Macht der »kulturellen Hegemonie« auf dem Fuße folgt. Die ideologiepolitische Topographie wird im Licht der kritischen Theorie des Spätkapitalismus kritisiert. Anhand einer Reinterpretation der Begriffe »Kultur«, »Demokratie«, »Gleichheit«, »Wohlfahrt« und »Intelligenz« wird die These entfaltet, daß der konservative Bann über die gegenwärtige Politik nur durch eine neue Buchstabierung des Fortschritts gebrochen werden kann.

Helmut Dubiel ist wissenschaftlicher Mitarbeiter am Institut für Sozialforschung in Frankfurt/M.

Helmut Dubiel
Was ist Neokonservatismus?

Suhrkamp

Die vorliegende Arbeit entstand im Zusammenhang des von der Stiftung Volkswagenwerk geförderten Projektes »Neokonservative Theorie der postindustriellen Gesellschaft und kritische Theorie des Spätkapitalismus. Zur Theorie postliberaler Gesellschaften«.

edition suhrkamp 1313
Neue Folge Band 313
Erste Auflage 1985
© Suhrkamp Verlag Frankfurt am Main 1985
Erstausgabe
Alle Rechte vorbehalten, insbesondere das der Übersetzung,
des öffentlichen Vortrags
sowie der Übertragung durch Rundfunk und Fernsehen,
auch einzelner Teile.
Satz: Stahringer, Ebsdorfergrund
Druck: Nomos Verlagsgesellschaft, Baden-Baden
Umschlagentwurf: Willy Fleckhaus
Printed in Germany

1 2 3 4 5 6 – 90 89 88 87 86 85

Inhalt

Neokonservatismus

Wenn Intellektuelle die Zeit, in der und über die sie schreiben, eine solche des Übergangs nennen, ist dies zunächst nur das Eingeständnis, daß die gesellschaftliche Entwicklung einerseits Symptome hervorbringt, die sich den herkömmlichen Diagnosen entziehen, andererseits das beschworene Neue jedoch noch nicht die Prägnanz eines benennbar »neuen« Paradigmas erreicht hat. In diesen Zeiten, in denen der Reim fehlt, den man sich auf die verwirrenden Phänomene machen könnte, haben Wortschöpfungen eine auffällige Konjunktur, welche alte Begriffe jeweils um die Präfixe »post-« oder »neo-« bereichern: »der Neomarxismus«, die »Neoavantgarde«, der »Neostrukturalismus«, aber auch die »postmaterialistischen Werte«, die »postkeynesianische Ökonomie« und der »Postmarxismus« etc. Das Präfix »post« und das Präfix »neo« meinen mit jeweils seitenverkehrten Prämissen dasselbe. Die, die eine kulturelle oder politische Entwicklung durch ein mit »neo-« eingeleitetes Adjektiv bezeichnen, bestreiten ihr damit die Authentizität des wirklich Neuen, während das Präfix »post-« seinem Begriff den Vorwurf macht, er habe jene orientierende Kraft längst eingebüßt, die ihm früher einmal zugekommen sei. Solche verwirrenden Begriffskonjunkturen verweisen auf historische Situationen, in denen der Fahrtwind der gesellschaftlichen Entwicklung den theoretischen Blick so sehr trübt, daß offenbar keine andere Möglichkeit mehr besteht als die, die Richtung, die der »große Tanker« nimmt, in Relation zu den Bojen abzuschätzen, die im Rücken des Betrachters liegen.

Oben, auf der Mastspitze sitzen die Kolumnenschreiber. Karten auf den Knien studieren sie Untiefen, Küstenlinien und Fahrtrinnen. Manchmal, wenn sie in Verlegenheit kommen, bedienen sie sich der Hilfe sozialwissenschaftlich versierter Geographen, die ihnen die fehlenden Stichworte zurufen. Die »formierte Gesellschaft« etwa war ein solches Stichwort in den sechziger Jahren. »Unregierbarkeit« und »Wertewandel« bestimmten die siebziger Jahre. Es gibt Anzeichen dafür, daß dieses Jahrzehnt das des »Neokonservatismus« ist.

Diese unbeholfene Bezeichnung wurde aus den USA importiert. In der bundesdeutschen Öffentlichkeit kam sie in Umlauf in der

Folge einer Rede von Helmut Schmidt auf dem Münchener Parteitag der SPD im April des Jahres 1982. Eine »neokonservative Politik« sei das, was die Bundesbürger zu gewärtigen hätten, wenn die sozialliberale Koalition einmal abgetreten sei. Als sie dann abtrat, war das Wort plötzlich in aller Munde.

Die tagespolitische Karriere theoretischer Begriffe bedeutet zugleich immer das Ende ihrer interpretativen Kraft. Sozialwissenschaftler tun sich deshalb selbst keinen Gefallen, wenn sie ihre zeitdiagnostischen Versuche auf Begriffe gründen, die im Schmelztiegel der öffentlichen Kommunikation rasch zu einer allen Sinnes entleerten Schlacke verbrennen. Gleichwohl ist dieses Buch in der Überzeugung geschrieben, daß vielleicht nicht das *Wort* des »Neokonservatismus«, aber die mit ihm assoziierten Topoi, Deutungsmuster und Argumentationen die politische Szenerie westlicher Gesellschaften noch bestimmen werden, wenn die tagespolitischen Umstände, unter denen es seine gegenwärtige Karriere antrat, längst in den Archiven der Zeitgeschichte verschwunden sind. Darum verwende ich den Begriff des »Neokonservatismus« als Arbeitstitel für einen komplexen politisch-intellektuellen Zusammenhang, der erst im Nachvollzug seiner einzelnen Elemente durchsichtig werden wird.

Was in der ersten Hälfte der achtziger Jahre geschieht, ist zwar kein Rückfall in den Manchester-Kapitalismus. Aber es ist mehr als die zufällige Häufung konservativer Parlamentsmehrheiten in den Metropolen der westlichen Welt und mehr als die Krise der Sozialdemokratie. Es ist die – in dieser internationalen Breite und politischen Konsequenz – von niemandem vorhergesehene Renaissance von Versuchen, die massendemokratischen Wohlfahrtsstaaten wieder auf die Entwicklungsspur *liberal*kapitalistischer Gesellschaften zurückzustellen. Diese Renaissance findet freilich statt unter den Bedingungen eines weitgehend durchgesetzten Interventions- und Sozialstaates, einer mehr schlecht als recht, aber immerhin funktionierenden rechtsstaatlichen Demokratie und den lebenskräftigen Vorboten »nachbürgerlicher« Wertorientierungen und Einstellungsmuster. Und es ist eben diese Spannung zwischen dem neokonservativen Projekt einer liberalkapitalistisch zu bereinigenden »Basis«, sozusagen der Wiederherstellung des status quo ante, und einem spätkapitalistischen »Überbau«, die einen Großteil jener Konflikte, Brüche und Verwerfungslinien erzeugt, die heute das intellektuelle und das politische Publikum gleichermaßen in Atem halten.

In den Medien gelten als »neokonservativ« die gegenwärtig praktizierten neoliberalen Wirtschaftspolitiken, insbesondere »Thatcherism« und »Reagonomics« – also Strategien des Monetarismus, der restriktiven Fiskalpolitik und der Steuersenkungen. Diese Verwendungsweise des Begriffs ist schlicht überflüssig, weil sie dem etablierten Begriff »neoliberal« nichts hinzufügt – außer vielleicht, daß jetzt ökonomische Doktrinen zur Maxime der öffentlichen Politik geworden sind, die vor zwei Jahrzehnten noch am Rande des akademischen Meinungsspektrums standen. – Neben dieser zwar wenig mißverständlichen, aber überflüssigen Verwendungsweise gibt es den *kulturkritischen* Begriff des Neokonservatismus. Er bezeichnet alle Formen der intellektuellen und praktisch-politischen Abkehr von sozialistischen Positionen, seien es solche des »real existierenden« oder der Sozialdemokratie. Dieser weite Begriff umfaßt so verschiedene Dinge wie die Rechtsdrift der französischen Intelligenz, die Wahlerfolge liberalkonservativer Parteien und den Fundamentalismus, Anti-Modernismus und Lokalismus mancher Strömungen innerhalb der neuen sozialen Bewegungen. Diese mentalitätskritische Fassung des Begriffs »Neokonservatismus« mag zwar für Zwecke des Feuilletons und der politischen Polemik taugen, nicht aber für die Ansprüche einer sozialwissenschaftlichen Zeitdiagnose. Nur das zeitlich parallele Auftreten dieser Phänomene und ein allzu synthetisierender Blick konnten zu dem Eindruck verleiten, es handele sich dabei nur um verschiedene Ausprägungen einer letztlich identischen Mentalität. – In der neueren zeitgeschichtlich orientierten wissenschaftlichen Literatur gibt es deshalb das verständliche Bemühen um eine präzise Fassung des Begriffs. Arbeiten dieses Typus neigen dazu, nur solche Gruppierungen »neokonservativ« zu nennen, die diese Fremdbezeichnung (und sei es auch widerstrebend) akzeptieren. Diese enge Fassung des Begriffs trifft zweifellos ein empirisch unstrittiges Geflecht von Personen, Zirkeln, Publikationsorganen und Zeitschriften: Alle Berichterstatter über die geistespolitische Situation der USA betonen, daß der neue Konservatismus etwa seit Mitte der siebziger Jahre eine umfassende mentalitätsbildende Kraft entfaltet. Ich beschränke mich hier auf diejenigen, deren Namen auch in der Bundesrepublik nicht unbekannt sind: Daniel Bell, Daniel Patrick Moynihan, Robert Nisbet, Martin Diamond, Nathan Glazer, Samuel Huntington, Aaron Wildavsky, Zbigniew

Brezinski, Seymour Martin Lipset, Milton Himmelfarb, Walter
Lacqueur, Sidney Hook, Edward Shils, Peter Berger etc. Diese
äußern sich vornehmlich in zwei Zeitschriften, die als öffentliche
Plattform dieser neuen Strömung gelten. Das ist zunächst die auch
an unmittelbar politischen Themen interessierte Monatszeitschrift
Commentary und dann die wissenschaftspolitische Vierteljahres-
schrift *Public Interest*. Die Autoren dieser Zeitschriften beschränken sich jedoch nicht auf ihre Berufsrolle als Hochschullehrer,
sondern engagieren sich im Zwischenfeld von Wissenschaft und
Politik. Ihre Kader beherrschen die großen Denkfabriken, sie do-
minieren die ständischen Organisationen der Professionspolitik
und die politikberatenden Gremien und Kommissionen. Die Massenmedien greifen ihre Konzepte auf, Teile ihrer Schriften werden
in der Tagespresse vorveröffentlicht, es ist ihr Ton, der in den politischen Magazinen angeschlagen wird. – Wenn man diese Merkmale auf die bundesdeutsche Situation projiziert, fällt es nicht
schwer, ihre hiesigen Pendants zu entdecken. Den nordamerikanischen Neokonservativen entsprechen in der Bundesrepublik jene
intellektuellen Gruppierungen, deren Denkstil und deren bündi-
sche Identität sich erst in der vehementen Kritik der Studentenbewegung und der von dieser angestoßenen Veränderung der politischen Kultur gebildet haben. Ihre Keimzelle war der Bund, der die
»Freiheit der Wissenschaft« verteidigen wollte. Die, die ihn
gegründet haben, veranstalteten auch die Kongresse »Tendenz-
wende« und »Mut zur Erziehung«, deren sorgfältig vorgeplantes
Medienecho noch Wochen danach zu vernehmen war. Eine eindeutige parteipolitische Zuordnung eines Hermann Lübbe, eines
Erwin K. Scheuch, Günther Rohrmoser, Helmut Schelsky, Fried-
rich Tenbruck, Thomas Nipperdey, Nikolaus Lobkowicz, Odo
Marquard, Robert Spaemann etc. ist keineswegs möglich. Meist
sind sie parteipolitisch gar nicht gebunden, oft üben sie Einfluß
aus in Parteien, die nicht eindeutig konservativ sind. Bei aller sach-
lichen Verschiedenheit ihrer persönlichen Einstellungen sind diese
Intellektuellen, von denen manche inzwischen der Fremdbezeichnung »neokonservativ« zögernd zustimmen, geeint durch ein als
»liberal« bezeichnetes Selbstverständnis. Die geheime Dialektik
dieses Eigenverständnisses wird offenbar, wenn man es vor dem
Hintergrund der unterstellten nachliberalen Tendenzen betrachtet
sowie in den Zusammenhang der deutschen Geistesgeschichte ein-
fügt …

Wer in dieser Einstellung des an empirischen Details interessierten Zeitgeschichtlers den Begriff »neokonservativ« auf eindeutig identifizierbare Personen, Zirkel, Forschungsstätten und Publikationsorgane einschränkt, nimmt ihm damit eben genau das, was ihn aus allgemein politischen Gründen überhaupt erst interessant gemacht hat. Diese empiristische Beschränkung verfehlt nämlich den Umstand, daß die unter dem Etikett des »Neokonservatismus« subsumierbaren Deutungsmuster für große Teile der an öffentlicher Wirksamkeit interessierten Sozialwissenschaftler und der auf sozialtheoretische Legitimation bedachten politischen Eliten mentalitätsprägend geworden sind. Anders formuliert: Sie verfehlt den Umstand, daß die neokonservative Gesellschaftslehre sich angeschickt hat, ein das praktische Handeln der politischen Eliten orientierendes *Paradigma* zu werden.

Der Begriff des Paradigmas kommt aus der Wissenschaftstheorie. Er macht darauf aufmerksam, daß auch wissenschaftliche Forschungsprozesse niemals an einem Nullpunkt beginnen, sondern ihrerseits abhängig sind von einem vorgängigen Bezugsrahmen, einem Deutungsvorschuß – einem Paradigma eben, das festlegt, welcher Realitätsbereich überhaupt als der relevante wahrgenommen wird und welches die Methoden sind, mit denen man sich dieses Bereichs versichert. In einem ähnlichen Sinn ist es üblich geworden, von einem politischen Paradigma zu reden. Es definiert in der Fülle möglicher Gegenstände jenen Realitätsausschnitt, der überhaupt als Gegenstand politischen Räsonnements gelten kann, es konstituiert die politischen Wertpräferenzen, ordnet ihnen strategische Ziele zu, legt Mittel fest, bestimmt die relevanten Akteure, Opfer, Klientele etc.

Der Neokonservatismus ist ein solches politisches Paradigma, in dem kulturelle Grundvorstellungen, sozialphilosophische Menschenbilder, sozialwissenschaftliche Theoriestücke und empirische Beschreibungen zu politischen Argumenten verdichtet werden. Er ist keine *Theorie* im engen Sinne dieses Wortes. Der Begriff der Theorie ist reserviert für eine aus zentralen Grundannahmen deduzierte Struktur von Hypothesen, die untereinander abgeleitet werden können. Der Neokonservatismus hat kein solches kognitives Zentrum, keine Regeln für die Ableitung von Hypothesen; er ist vielmehr eine an der Lösung politischer Probleme orientierte *Gesellschaftslehre*. Ihre Einheit hat diese Lehre nicht an sich selbst, sondern an der Einheit dessen, was sie kritisiert – nämlich den

Krisenphänomenen liberaler Systeme und dem unterstellten Autoritätsverfall des bürgerlichen Wertsystems. An dem ihn kennzeichnenden Eklektizismus und an der Disparität seiner einzelnen Kritikobjekte läßt sich zeigen, daß der neue Konservatismus nicht *neu* ist im Sinne von Einsichten, die zuvor noch niemand hatte. Der Neokonservatismus ist eine Reaktionsbildung. Er mobilisiert – wie ich in den folgenden Kapiteln detailliert zeigen werde – Argumente aus der neoliberalen Politökonomie, der Soziobiologie und Humangenetik, der positivistischen Marxismuskritik, der konservativen Kulturkritik und der elitistischen Theorie der Demokratie für die *politische* Verteidigung einer als bedroht wahrgenommenen »liberalen« Rationalität der westlichen Gesellschaften.

Die Suche nach den sozialwissenschaftlichen Ursprüngen dieses Paradigmas führt zurück in die fünfziger Jahre. Die seinerzeit dominierenden funktionalistischen und institutionalistischen Gesellschaftskonzepte liefen in dem Eindruck zusammen, daß die politischen Entwicklungspotentiale der westlichen Gesellschaften in einem positiven Sinne erschöpft seien. Die industriekapitalistischen Gesellschaften seien in ein quasi entropisches Stadium getreten – ohne dramatische ökonomische Krisen, ohne nennenswerte soziale Kämpfe, ohne die Fundamentalkonkurrenz von Ideologien. Raymond Aaron und Daniel Bell haben vor gut einem Vierteljahrhundert dieser heute versunkenen Epoche den Namen gegeben: »Zeitalter des Endes der Ideologie«. Die Theoretiker des Endes der Ideologie waren von der Weberschen Grundannahme geleitet, daß der eigensinnige Zwang technisch-wissenschaftlicher Rationalität die entwickelten Industriegesellschaften aus den Wildwassern der Geschichte heraus- und in das stehende Wasser eines »Post-Histoire« (Gehlen) hineingeleitet hätte, in dem es keine prinzipiellen Überraschungen mehr gäbe. Sie waren überzeugt,  daß die eigensinnige Logik sozialtechnischer Rationalisierung allem normativen Dissens über die politische Einrichtung dieser Welt den Boden entziehen würde. Sie entwarfen eine kybernetische Sozialordnung, die der demokratischen Legitimation und kulturellen Identifikation letztlich nicht mehr bedurft hätte. Dieses Historienbild eines ewigen Friedens, gegründet auf das Gleichgewicht des Schreckens nach außen und den wohlfahrtsstaatlichen Kompromiß nach innen, ist im letzten Jahrzehnt blaß geworden. Das der politischen Kontrolle weitgehend entglittene System militärischer Friedenssicherung, die in dramatischen ökologischen Krisen sichtbar gewordene Naturschranke des Wachstums, die Strukturkrise kapitalistischer Ökonomien mit den kaum absehbaren Folgeproblemen für den sozialen Frieden westlicher Gesellschaften und die Erosion bürgerlicher Tugenden – alle diese Entwicklungen haben in wechselseitiger Verstärkung die Ideologie des Post-Histoire aufgestört. Heute erleben wir, daß die Propheten der Systemrationalität vom Sockel ihrer vorgeblichen weltanschaulichen Neutralität herabsteigen und die ehemaligen »Sachgesetzlichkeiten« mit autoritärer Gebärde als sittliche Imperative einfordern. Neu ist also nicht der semantische Kern des Neokonservatismus, neu ist der historische Zusammenhang, auf den er angewendet wird. Erst in der kritischen Reaktion auf diese neuen sozialen und kulturkämpferischen Bewegungen hat die neokonservative Gesellschaftslehre ihre eigene und unverwechselbare Signatur gewonnen. Im Neokonservatismus ist die bürgerliche Moderne selbst konservativ geworden. Wir sind Zeugen des Abschlusses einer Epoche, in der der »alte Konservatismus« in die disiecta membra der »Neuen Rechten« zum einen und des »Neokonservatismus« zum anderen zerfallen. Da die Vertreter dieses neuen geistespolitischen Paradigmas ohne traditionalistische Vorbehalte auf dem Legitimitätsboden der bürgerlichen Gesellschaft stehen, muß man sie scharf unterscheiden von der »Neuen Rechten«, d.h. von jenen neofaschistischen, fundamentalistischen und rechtspopulistischen Bewegungen, die jüngst in den USA, aber auch in Europa und dort besonders in Frankreich wieder von sich reden machen. Diese sind insofern ein Zerfallsprodukt des »alten Konservatismus«, als sie dessen Motiv eines kulturkämpferischen Protestes gegen die bürgerliche Moderne wiederzubeleben versuchen. Anders als dieser tritt die »Neue Rechte« freilich unter Bedingungen einer weitgehend durchgesetzten staatlichen Neutralität in moralischen Fragen an, unter Bedingungen eines verfassungsmäßig verankerten politischen Universalismus und einer weithin akzeptierten säkularisierten Kultur. Losgelöst von der sozialen Basis einer lebendigen Volksreligiosität, einer vorreflexiv gelebten politischen Tradition, nimmt der kulturkämpferische Anti-Modernismus der »Neuen Rechten« zwangsläufig autoritär-irrationalistische und regressive Züge an. Die Anhänger der »Neuen Rechten« reagieren vornehmlich auf das Phänomen einer von aufgeklärten Eliten angeregten und administrativ »von oben« durchgesetzten Modernisierung der

Kultur. Die politischen Themen, an denen sich ihre Ressentiments vornehmlich entzünden, sind jeweils bezogen auf die kulturell wertempfindlichen Erfahrungsbereiche der Kindererziehung, der Schulpolitik, des Status von Frau und Familie, der Sexualität und der Religionsausübung.

Zwar ist nicht zu übersehen, daß in der Programmatik konservativer Parteien – z.B. der bundesrepublikanischen Christdemokraten, der Republikaner in den USA, der Gaullisten – rechtspopulistische Protest- und Denkmotive des neuen Konservatismus eine wirkungsmächtige Allianz eingehen. Die Stabilität solcher Allianzen hängt ab von der politischen Kultur einer Gesellschaft (nach meinem Eindruck ist sie niedrig in den USA, aber hoch in der Bundesrepublik). Gleichwohl nötigt die prinzipielle Verschiedenheit einer irrationalistischen rechtspopulistischen Protestmentalität und eines argumentativ auftretenden, apologetisch gewordenen Liberalismus den Kritiker dieser Strömungen zu unterschiedlichen Strategien. Dem Neokonservatismus angemessen ist das klassische Verfahren der Ideologiekritik – ein Verfahren, welches in der Kritik von mentalitätsbildenden und für die politische Legitimität relevanten Texten der Sozialtheorie das »herrschende Bewußtsein« oder zumindest das tonangebender politischer und kultureller Eliten in Frage stellt. Neokonservative sind Gegner auf dem Feld, auf dem die kritische Intelligenz sich selbst bewegt. Die Auseinandersetzung mit ihnen ist ein argumentativer Kampf auf der Bühne politischer Öffentlichkeit. Dagegen kann die Anhängerschaft der »Neuen Rechten« nur Gegenstand der Sozialpsychologie und der politischen Aufklärung sein: Zu untersuchen wären hier – in Anlehnung an die *Studien über die autoritäre Persönlichkeit* – jene Persönlichkeitsstrukturen und sozialen Situationen, die Individuen und Gruppen für chauvinistische, rassistische etc. Einflüsse empfänglich machen.

In den folgenden Kapiteln will ich die wesentlichen Topoi im neokonservativen Welt- und Gesellschaftsbild einer systematischen Kritik unterziehen. Man reklamiert gern die Bezeichnung »Ideologiekritik« für ein Verfahren, das den Text des politischen Gegners auf eine Leinwand reduziert, auf die die eigene, natürlich richtige Auffassung projiziert wird. Diese verbreitete Schwundform der Ideologiekritik gleicht einer magischen Grammophonnadel, die aus den verschiedenen Schallplatten immer wieder dieselbe Melodie hervorzuzaubern. Die Zeiten der Grammophon-Mentalität sind vorbei. Ich will versuchen, mich auf den Gehalt neokonservativer Argumentationen einzulassen. Dies ist ein gutes Stück weit möglich, weil viele *Fragen* der Neokonservativen heute auch die Fragen der dogmatisch nicht bornierten Linken sind.

Ich kritisiere die neokonservative Gesellschaftslehre auf dem Hintergrund der kritischen Theorie des Spätkapitalismus. Dieser Theoriezusammenhang wurde in den dreißiger und vierziger Jahren – in der doppelten Frontstellung gegen die marxistische Orthodoxie und den sozialwissenschaftlichen Positivismus – entwickelt. Die frühe kritische Theorie war bezogen auf die autoritär-faschistische Form des Spätkapitalismus. Erst im Laufe der siebziger Jahre wurde sie in Ansätzen für die strukturell veränderten Bedingungen nachfaschistischer Massendemokratien umformuliert. Auch wenn ihre theoretische und wissenschaftspolitische Homogenität heute niedriger ist als in ihrer Entstehungsphase, bildet sie dennoch den orientierenden Rahmen für zahlreiche Einzelarbeiten auf den Feldern der politischen Ökonomie, der politischen Soziologie, der Sozialpsychologie und der Kulturkritik. Gegenstand der kritischen Gesellschaftstheorie sind die Krisen des Spätkapitalismus. Ihre Ansätze zu einer Theorie postliberaler Gesellschaften sind jeweils kategorial bezogen auf die Veränderungen entwickelter kapitalistischer Gesellschaften in ökonomischen, politischen und kulturellen Krisen.

Mit der Perspektive der Spätkapitalismustheorie nähere ich mich dem Neokonservatismus nicht von außen. Viele von dessen politiktheoretischen, soziologischen und besonders kulturkritischen Arbeiten sind gerade als Anti-Kritik jener Deutungsmuster entstanden, die sich die Sprecher der Revolte in ihrer Lektüre kritischer Gesellschaftstheorie angeeignet hatten. Die kritische Gesellschaftstheorie gleicht der neokonservativen Soziologie in ihrem – letztlich politisch motivierten – Interesse an krisenhaften Makroentwicklungen, die als Geburtsschmerzen einer nachliberalen Gesellschaftsordnung gedeutet werden. Daß sich beide Denkrichtungen aufeinander beziehen lassen, ergibt sich weiterhin aus dem irritierenden Faktum, daß ihre Krisen*diagnostik* so viele Ähnlichkeiten aufweist, daß es sich geradezu aufdrängt, diese als Reflexe einer weithin geahnten, aber noch unbegriffenen gesellschaftspolitischen Umbruchssituation zu interpretieren. Ein Symptom für diese Angleichung der politischen Problemwahrnehmung ist z.B. der Umstand, daß die in der gegenwärtigen Sozialwissenschaft und

Publizistik verbreiteten Etiketten – wie etwa »Postkeynesianismus«, »postmaterialistische« Einstellungen oder »postmoderne« Kultur – nicht mehr auf den ersten Blick verraten, ob es wissenschaftspolitisch rechte oder linke Etiketten sind. So sind etwa die Theoretiker des neuen Konservatismus und die Vertreter der kritischen Theorie sich einig in der Diagnose einer *kulturellen* Krise des gegenwärtigen Kapitalismus. Beide nehmen die unter dem Stichwort des »Postmaterialismus« zusammengefaßten Einstellungen, Symptome und kulturellen Stile zum Anlaß der These, daß die den Frühkapitalismus kennzeichnende Entsprechung von Wirtschaftsordnung und Wirtschaftsethik weitgehend zerfallen ist. In einem ähnlichen Sinn wurde für die kritische Theorie und das neokonservative Paradigma die im Übergang zu den siebziger Jahren zu beobachtende drastische Zunahme einer partizipatorischen Protestmentalität und einer intensiven Nutzung demokratischer Institutionen zum Anlaß einer Diagnose liberaler Demokratie. Beide gingen, die einen unter dem Begriff der »Legitimationskrise«, die anderen unter dem der »Unregierbarkeit«, von der verwandten Einschätzung aus, daß eine an den funktionalen Imperativen der kapitalistischen Ökonomie und der politischen Administration orientierte Modernisierung der Gesellschaft in ein Spannungsverhältnis tritt zur demokratischen Norm politischer Selbstbestimmung. Vergleichbares gilt für die Krisendiagnose einer keynesianischen Stabilisierungspolitik. Die Spätkapitalismustheorie führt diese zurück auf den schrittweisen Einbau »systemfremder« (d.h. außermarktförmiger, kollektiv-öffentlicher, gebrauchswertförmiger) Elemente in das System privater Produktion. Das neokonservative Programm einer Reduzierung staatlicher Interventionskapazität setzt eben an diesen »systemfremden« Elementen an.

Diese Angleichung der Blickrichtung gilt indes nur für die *Identifikation* der krisenhaften Bereiche und keineswegs für die *Erklärung* der Krisengenese oder gar für die solchen Anamnesen zugrundeliegenden normativen Leitvorstellungen. Gerade diese diagnostischen Affinitäten schaffen erst die Bedingungen für die strukturelle geistespolitische Polarisierung beider Denkrichtungen. Die Ähnlichkeit der Fragen ist nur ein Kommentar auf die Unversöhnlichkeit der Antworten. Im letzten Kapitel werde ich die These entfalten, daß sich um die – zwischen kritischer Gesellschaftstheorie und Neokonservatismus – entstandene Konfliktachse das Feld konstituiert, in dem die politischen Entscheidungsalternativen einer nachliberalen Ära sich anmelden.

Der Neokonservatismus und die Theorie des Spätkapitalismus sind konkurrierende, von praktischen Interessen geleitete Deutungsversuche »postliberaler« Gesellschaften. Der Begriff »postliberal« ist Ausdruck einer theoretischen Verlegenheit. Er will besagen, daß die entwickelten Massendemokratien zwar Erben der bürgerlichen Gesellschaften des 19. Jahrhunderts sind, daß aber die gegenwärtigen Formen der Wirtschaftsordnung, der politischen Integration der Gesellschaft, der Sozialstruktur, der Kultur und des herrschenden Sozialcharakters nicht mehr bruchlos mit den Kategorien abzubilden sind, mit denen Kritiker und intellektuelle Repräsentanten der bürgerlichen Gesellschaft diese zu begreifen suchten. Das hilflose Präfix »post-« spielt darauf an, daß diese von den überkommenen Gesellschaftsbildern abweichenden Tendenzen nicht zwanglos zum Modell einer neuen gesellschaftlichen Entwicklungsstufe zusammenschießen, welches sich bereits in einer fertigen Theorie fixieren ließe.

Freilich kann man nicht davon ausgehen, daß es zwischen realpolitischen Kräftekonstellationen und geistespolitischen Frontlinien ein unmittelbares Abbildungsverhältnis gäbe. Zum parteipolitisch repräsentierten Konservatismus hat die neokonservative Denkrichtung eine ähnlich widersprüchliche und konfliktreiche Beziehung wie etwa die kritische Theorie der Gesellschaft zu den parteiförmigen Organisationen des institutionalisierten Sozialismus. So wie die kritische Theorie ihre Signatur erst in der Kritik traditioneller marxistischer Orientierungen gefunden hat, kam zumindest die politische Theorie des neuen Konservatismus in den fünfziger Jahren auf den Weg als Kritik rechtspopulistischer Strömungen in der McCarthy-Ära.

Die Vergleichbarkeit beider Denkrichtungen hat indes ihre Grenzen. Diese sollen hier noch einmal deutlich markiert werden, weil sie in den folgenden Detailanalysen oft im Hintergrund bleiben müssen. Zunächst ist sie eingeschränkt durch die Ungleichzeitigkeit ihrer Entstehung und Entwicklungsdynamik. Die klassische kritische Theorie ist in den dreißiger Jahren entstanden und wurde erst gegen Ende der sechziger Jahre in bezug auf die besonderen Bedingungen der wohlfahrtsstaatlichen Massendemokratien der Gegenwart umformuliert. Das neokonservative Denken hat zwar Vorläufer in der Soziologie der fünfziger Jahre, gewann sein ge-

genwärtiges Profil aber erst in der Auseinandersetzung mit den Werken kritischer Gesellschaftstheorie, die die studentische Intelligenz der sechziger beeinflußt hatte. Gegenwärtig ist die Situation eher die, daß Autoren aus dem Umkreis der Spätkapitalismustheorie auf neokonservative Problemdefinitionen reagieren. Eine weitere Grenze der Vergleichbarkeit beider Strömungen liegt in der Verschiedenheit ihres realhistorischen Bezugs. Der intellektuell avancierte nordamerikanische Konservatismus stellt weitgehend auf die besonderen Bedingungen wohlfahrtsstaatlicher Reformpolitik in den USA ab. Die neuere kritische Theorie zielt zwar auf eine allgemeine Theorie des Spätkapitalismus. Gleichwohl ist sie stark geprägt von der spezifischen intellektuellen Kultur und den besonderen historischen Bedingungen der bundesdeutschen Nachkriegsgesellschaft. Relativ unvergleichbar sind beide Paradigmen schließlich wegen der Verschiedenheit ihrer *Wissensformen* und *Adressaten*. Zwar haben beide einen sozialkritischen Anspruch. Die Autoren jedoch, die dem Neokonservatismus zurechenbar sind, wenden sich an die Akteure der etablierten Politik. Sie produzieren »Steuerungswissen« für eine von Problemen überlastete und von Legitimationsnöten geplagte Administration. Die Arbeiten kritischer Gesellschaftstheoretiker dagegen werden zumindest so rezipiert, als produzierten sie systemkritisches Orientierungswissen für soziale Bewegungen.

Eine weitere Schranke meines Zugangs zum Thema liegt in der Spezifik seines gesellschaftstheoretischen Charakters selbst. Das Hauptinteresse kritischer Gesellschaftstheorie galt immer dem politisch-sozialen Kraftfeld in der Binnenstruktur entwickelter kapitalistischer Gesellschaften, während sie die supranationalen Determinanten politischer Entwicklung eher vernachlässigte. Auch in meinen Ausführungen liegt der Akzent auf Themen wie der subversiven Kraft gegenkultureller Motive in der industriellen Zivilisation, der Konflikte zwischen Norm und Realität liberaler Demokratie, der Dialektik formaler Chancengleichheit im entwickelten Wohlfahrtsstaat, der ordnungspolitischen Widersprüchlichkeit eines durchstaatlichten Kapitalismus, der doppelten Loyalitätsbindung intellektueller Eliten etc. Fragen der Außenpolitik hingegen, der Konkurrenz der Blöcke, des Weltmarktverhältnisses, der militärischen Friedenssicherung etc. tauchen im Zusammenhang meiner Argumentation nur dann auf, wenn sie sich zwanglos in den Rahmen jener Fragestellungen einfügen lassen.

Manche Theoretiker der Linken halten die öffentliche Meinung schlicht für das Artefakt einer politisch gelenkten, massenmedialen Manipulation. Viele Theoretiker der Rechten wollen die Ausübung politischer Macht von der Rechtfertigung durch Gründe entlastet sehen. Beide verkennen, daß *moderne* politische Herrschaft gerade durch ihre Legitimationsabhängigkeit definiert ist. Kein politisches System kann sich unter den Bedingungen moderner Massendemokratien auf Dauer stabilisieren, das nicht in der Lage ist, sich seiner Legitimität in der intellektuellen Kultur zu versichern. Und analog gilt, daß die Eroberung der intellektuellen Kultur eine Bedingung für die Eroberung der politischen Macht darstellt. Gramscis Konzept der »kulturellen Hegemonie« hatte eben diesen Zusammenhang auf den Begriff gebracht. Es ist eines der geistespolitischen Paradoxien der siebziger Jahre, daß dieses Konzept, das der kulturellen Öffnung eines ökonomistisch bornierten Marxismus hätte dienen können, zur programmatischen Strategie des neuen Konservatismus wurde. Sprecher der »Neuen Rechten« in Frankreich und neokonservative Intellektuelle in der Bundesrepublik beriefen sich nicht ohne Ironie auf Gramsci, als sie noch in den letzten Tagen der Studentenrevolte begannen, Zeitschriften zu gründen, Buchreihen, politische Clubs und kulturelle Vereinigungen, als sie Einfluß nahmen auf die Feuilletons, Kolumnen und Kommentare liberaler Magazine, auf die Besetzung von Lehrstühlen, auf die Rekrutierung wissenschaftspolitischer und berufsständischer Organisationen. Es war gewiß keine Selbstüberschätzung, als Norman Podhoretz, der publizistische Sprecher des amerikanischen Neokonservatismus, für sich und seine Weggenossen in Anspruch nahm, Präsident Reagan den Weg zur politischen Macht »in der Welt der Ideen« geebnet zu haben. Daß der Geist links stehe, war, vielleicht auch noch vor anderthalb Jahrzehnten, eine deskriptive Aussage. Heute ist diese Aussage eher eine – aus dem Bewußtsein politischer Ohnmacht gespeiste – Beschwörung. Denn der Geist, zumindest der Teil seiner Abteilungen, aus denen politische Eliten ihre Gründe beziehen, steht rechts. Stärker noch in Frankreich und in den USA als in der Bundesrepublik sind alle die politische Identität entwickelter kapitalistischer Gesellschaften betreffenden Streitfragen von konservativen bzw. neokonservativen Ideologien »besetzt«. Zugleich sehen wir in diesen Gesellschaften auf seiten der vormals kritischen Intelligenz die verbreitete Neigung zu einem umfassenden zivilisations- wie rationalitätskritischen Pessimismus – eine Neigung, die zumindest in der deutschen politischen Kultur immer zum Repertoire der Rechtsintelligenz gehört hat. Verbreitet ist eine intellektuelle Einstellung, die die berechtigte Enttäuschung über die Krisen eines dogmatisch erstarrten Marxismus über alle Grenzen dramatisiert und an dem Sinn eines kritischen Bezugs auf das Universum politischer Gründe überhaupt zu zweifeln beginnt. In Frankreich zeichnen sich bereits die Umrisse eines geistespolitischen Szenarios ab, in dem sich eine ihrer eigenen Vergangenheit überdrüssig gewordene Linksintelligenz mit den rechten Apologeten der Technokratie verbrüdert.

Gegen diese Art der kulturellen Hegemonie ist dieses Buch gerichtet. Freilich könnte ein umfassender Versuch, im »Reich der Ideen« die Positionen kritischer Gesellschaftstheorie entschlossener zu vertreten, nicht seinerseits wiederum die Strategie des neuen Konservatismus kopieren. Die konservative Lesart von Gramscis Hegemonie-Konzept ist geprägt von der vordemokratischen Unterscheidung zwischen meinungsbildenden intellektuellen Eliten und der passiven Bewußtseinsverfassung der Massen. Ähnlich wie manche Strömungen einer totalisierenden Linken gilt ihr die öffentliche Meinung nur als formbare Masse in den Händen strategischer Eliten. Die neokonservativen Zirkel hatten sich dem politischen Organismus mit der Haltung eines Akupunkteurs genähert, der nur an dessen entscheidenden Nervenpunkten die Nadeln ansetzen muß, um ihn zum passiven Objekt politischer Verfügung zu machen.

Dagegen hätten sich die Argumente der kritischen Gesellschaftstheorie im demokratischen Klima einer lebendigen politischen Kultur zu bewähren. Die Bühne politischer Öffentlichkeit ist die Stätte ihrer möglichen Wirkung; diese bezeichnet aber zugleich die Grenze ihres Einflusses.

Kultur

Nach Max Weber kam die kapitalistische Gesellschaft bekanntlich auf den Weg kraft einer die Bereiche der Wirtschaft und der Kultur umfassenden Rationalität, einer historisch einzigartigen Entsprechung zwischen den funktionalen Erfordernissen einer auf freier Arbeit, Privateigentum und Akkumulation beruhenden Wirtschaftsordnung auf der einen Seite und einer durch die calvinistische Religionskultur bestimmten Wirtschaftsethik auf der anderen. Daß dieses Entsprechungsverhältnis im Spätkapitalismus zerfällt, ist der Tenor aller neokonservativen Kulturkritik. Die Ursachen für die gegenwärtigen Krisen der massendemokratischen Wohlfahrtsstaaten sucht sie nicht etwa in deren politischer und ökonomischer Organisation, sondern in einem umfassenden Autoritätsverfall des bürgerlichen Wertsystems. Nun wurden aber alle – nicht nur konservativen – Versuche, die bürgerliche Kulturentwicklung als ganzes zu betrachten, immer aus der Perspektive eines nachbürgerlichen Beobachters vorgenommen. So bestand gerade die kulturkritische Pointe von Max Webers These darin, daß sich die entfaltete kapitalistische Welt bereits von den religiösen Motiven emanzipiert hat, denen sie sich in einem komplizierten kulturgeschichtlichen Prozeß verdankte. Eine entfesselte kapitalistische Wirtschaftätigkeit bedurfte keiner außerökonomischen Antriebe mehr, ihre Eigenlogik kehrt sich – so Webers kulturkritische Erwartung – eben gegen die Motive, die sie auf den Weg gebracht hatten. Auch Sigmund Freud formuliert in *Das Unbehagen in der Kultur* jenen berühmten Gedanken, daß der kulturelle Fortschritt prinzipiell nur um den Preis der individuellen Triebunterdrückung zu haben ist, erst, *nachdem* er sich, offenbar von zeitgenössischen Entwicklungen angeregt, die Frage vorgelegt hatte, ob eine Revision der gesellschaftlichen Ordnung möglich ist, die eine Lockerung der Zensurfunktion des Über-Ich veranlassen könnte.
  Alle bedeutende Kulturkritik der Moderne beginnt mit der Unterstellung ihrer Krise. In dieser Hinsicht ist die hier aufgerollte neokonservative Kulturkritik nur der letzte Ausläufer einer langen Reihe von Apologie und Kritik des bürgerlichen Bewußtseins. Sie hat ihren Anstoß und ihren Grund in einer Fülle von sozialwissenschaftlich registrierten, publizistisch verbreiteten und politische

Reaktionen veranlassenden Realentwicklungen, die als solche unstrittig sind und die für alle geistespolitischen Lager zum Anstoß
der Reflexion wurden.

Die Kämpfe auf dem Campus von Berkeley, die blumenge-
schmückten Barrikaden des Pariser Mai, die Slogans und Graffiti
auf Berlins Betonmauern in den späten sechziger Jahren figurieren
in diesen Beschreibungen als das erste spektakuläre Anzeichen für
eine ruckhafte Verschiebung in der moralischen und kulturellen
Infrastruktur westlicher Gesellschaften. Ohne damit einer kausalen Erklärung vorgreifen zu wollen, gibt es Indizien dafür, daß die
seinerzeit auf eine studentische Subkultur beschränkten gegenkulturellen Motive auf noch nicht rekonstruierten Wegen und mit
noch undeutlichen Transformationen und Strukturverschiebungen
Eingang gefunden haben in die allgemeine politische Kultur. Sie
bringen sich dort sowohl in veränderten Einstellungen des Nor-
malbürgers zur Geltung als auch in einer politischen Konjunktur
von bürgerrechtlichen, feministischen, pazifistischen und radikaldemokratischen Bewegungen, die, über die jeweiligen partikularen
Materien und Anlässe hinaus, durch eine einheitliche kulturkämpferische Stoßrichtung zusammengehalten werden: Sie plädieren für
eine Abkehr von der calvinistischen Arbeitsethik zugunsten eines
hedonistisch-expressiven Selbstverhältnisses des Individuums, sie
kritisieren die individuelle Statuskonkurrenz im Lichte einer soli-
darisch-kollektiven Organisation der gesellschaftlichen Arbeit, sie
wollen die traditionalen Impulse zu einer fraglosen Gehorsamsbereitschaft gegenüber dem Staat überwinden in Richtung auf eine
prinzipiell kritische Einstellung gegenüber öffentlichen Institutionen.[1]

Wenn ich recht sehe, gibt es vor allem drei, sich an den Rändern
jeweils überlappende sozialwissenschaftliche Forschungskomple-
xe, die für den als solchen unbestrittenen kulturellen Wandlungsprozeß die entscheidenden Stichwörter geliefert haben. Dies ist *erstens* die Wertwandelforschung, die empirische Indizien für die
These zu haben glaubt, daß bei bestimmten Bevölkerungsgruppen
ein Wandel von »materialistischen« hin zu »postmaterialistischen«
Wertorientierungen stattgefunden hat. Da ist *zweitens* die neuere
psychoanalytische Diskussion um den narzißtischen Charakter,
der zufolge die heute in der klinischen Praxis dominant gewordenen Störungstypen nicht mehr mit dem am Ödipuskonflikt orientierten Modell einer verinnerlichten Trieb- und Affektkontrolle

beschrieben werden können. Und *schließlich* die wenig übersichtlichen Diskussionen um die sogenannte »postmoderne« Kultur. Mit diesem Begriff wird ein verändertes Epochenverständnis der zeitgenössischen ästhetischen Produktion versucht.

Die *Wertwandelforschung,* ihre Theorie und ihre empirischen Befunde versuchen den allgemeinen Eindruck zu belegen, daß bei bestimmten Gruppen der Bevölkerung, das heißt bei gut ausgebildeten Jugendlichen, bei Angehörigen der neuen Mittelschichten und der sozialen Berufe eine entschiedene Abkehr von eben jenem Wertrepertoire stattfindet, das bislang den motivationalen Kitt der spätkapitalistischen industriellen Zivilisation bildete. Ronald Inglehart, der Begründer dieser Forschungsrichtung, scheute sich nicht, diesen Prozeß als »stille Revolution« zu kennzeichnen.[2] Der Richtung dieses kulturellen Wandlungsprozesses versucht er mit der Entgegensetzung von »materialistischen« und »postmaterialistischen« Wertorientierungen und Einstellungen gerecht zu werden. Die materialistischen Werte sind Ausdruck physischer, materieller und militärischer Sicherheitsbedürfnisse. Zu den systemischen Erfordernissen der Industriegesellschaft stehen sie in einem funktionalen Entsprechungsverhältnis. Die sozialen Träger »postmaterialistischer« Werte haben zu jenen funktionalen Imperativen hingegen ein kritisches Verhältnis. Ihre Wertorientierungen sind Ausdruck ökologischer, politisch-partizipatorischer und ästhetischer Bedürfnisse. Die »Postmaterialisten« unterstützen eine Politik, die größere Selbstentfaltungs- und Mitbestimmungsspielräume möglich macht, sie räumen dem Schutz der Natur und der Bürgerrechte einen höheren Stellenwert ein. Theoretisch stützt Inglehart seine Behauptung eines Übergangs zu »postmaterialistischen« Orientierungen bei bestimmten Bevölkerungsteilen mit Maslows Konzeption der Bedürfnishierarchie. Nach dieser Konzeption besitzen immer gerade diejenigen Bedürfnisse die höhere kulturelle Priorität, die noch keine ausreichende gesellschaftliche Befriedigung gefunden haben. Die lange Phase ökonomischer Prosperität in der Nachkriegszeit habe den Boden dafür bereitet, daß ästhetische, partizipatorische und ökologische Werte an die Stelle von »materialistischen« getreten seien. Freilich hält Ingelhart den Wandel dieser Orientierungen und Einstellungen nicht nur für einen – leicht umkehrbaren – Anpassungsprozeß. Der harte Kern der sozialen Träger »postmaterialistischer« Orientierungen wird für ihn von Jugendlichen gebildet, deren primäre Sozialisation unter Bedingungen des materiellen Wohlstands stattgefunden hat. Die formative Kraft dieser Entwicklungsphase betrachtet Ingelhart als Garantie dafür, daß »postmaterialistische« Orientierung sich auch unter veränderten gesellschaftlichen Bedingungen durchhalten.

Die These des Wertwandels wurde zum Anlaß einer inzwischen nicht mehr überschaubaren wissenschaftlichen und publizistischen Diskussion, in deren Verlauf das Zentralstück – nämlich die bei Teilen der Bevölkerung zu beobachtende Abkehr von Wertorientierungen der industriellen Zivilisation – unbestritten blieb.[3] Überdies bot diese Forschungsrichtung für die in Intensität und Umfang überraschende Aktivität ökologischer und pazifistischer Bewegungen in den siebziger und achtziger Jahren eine geradezu suggestive Erklärung an. Umstritten freilich sind Ausmaß und Geschwindigkeit dieses kulturellen Wandlungsprozesses, und kontrovers ist seine politische Bewertung. Für Konservative ist die »stille Revolution« ein akuter Wertezerfall, eine kulturelle »Zersetzung«, zu deren Therapie sie autoritäre Programme einer traditionalistischen Wertpflege vorschlagen, während sie Vertretern einer progressiven Politik empirische Argumente für die Forderung nach mehr individueller und politischer Selbstbestimmung an die Hand gibt.

Die Behauptungen der Wertwandelforschung werden in einigen ihrer Aspekte gestützt durch *klinische und psychoanalytische Beobachtungen,* denen zufolge der in gegenwärtigen Gesellschaften sich durchsetzende Sozialisationsmodus nicht mehr in Begriffen des ödipalen Konflikts beschrieben werden kann.[4] So sind offenbar nicht mehr die in den spezifischen, neurotischen und psychotischen Krankheitsbildern zutage tretenden Probleme der bürgerlichen Sexualunterdrückung die dominanten psychopathologischen Formen. An die Stelle der von der klassischen psychoanalytischen Theorie angenommenen Ich-Bildung in Gestalt einer verinnerlichten Trieb- und Affektkontrolle scheint eine narzißtische psychische Struktur getreten zu sein, deren Ichbilder unmittelbar dem primären narzißtischen Selbst entspringen. Diese Veränderungen des zeitgenössischen Sozialcharakters verweisen auf eine nicht mehr nur »vaterlose«, sondern sozusagen »elternlose«, d.h. durch kollektive Identifizierungsschwierigkeiten gekennzeichnete Gesellschaft. Die dramatische Steigerung der kulturellen und technischen Modernisierung hat eine Auflösung traditional geregelter

Erfahrungsbereiche und traditionaler Identitätsangebote in Gang gesetzt. Diese Auflösung wird aber von Eltern und Kindern verschieden verarbeitet. Bei jenen führt es zu einer deutlichen Steigerung des Bedürfnisses nach kompensierender familialer Intimität, ohne daß sie freilich – wie noch die klassische bürgerliche Familie – ihren Kindern stabile Identifikationsobjekte anbieten könnten. So bildet sich ein Sozialisationsmuster heraus, das im Verein mit permissiven Erziehungstechniken und einer liberalisierten Sexualmoral die Entstehung jener Charakterstrukturen möglich macht, für die sich in der Psychoanalyse und der neueren Kulturkritik das Etikett »narzißtisch« durchgesetzt hat. Das entscheidende Merkmal eines so veränderten Ich-Bildungsprozesses ist, daß er nicht mehr durch stabile Identifikationen mit einem triebdisziplinierenden Über-Ich geformt wird, sondern durch rational kaum auflösliche, quasi archaische Identifikationen mit präödipalen Elternimagines. Symptomatische Ausprägung einer so veränderten Ich-Struktur ist also primär der Zusammenbruch stabiler und konsistenter Über-Ich-Identifikationen. Nicht Es-Impulse müssen verdrängt werden, sondern massive Schuldgefühle, die sich aus der Krise einer Selbstwerterfahrung herleiten, die zwischen Allmachts- und Ohnmachtsgefühlen schwankt. Der für unseren Zusammenhang wichtigste charakterologische Effekt eines so strukturell veränderten Ich-Bildungsprozesses ist die Unterentwicklung eben jener Einstellungen einer asketischen Arbeitsethik, einer individuellen Statuskonkurrenz und einer fraglosen Gehorsamsbereitschaft – jener Einstellung also, die Freud unter die Kategorie des »Realitätsprinzips« subsumiert hatte.

Der Begriff des »*Postmodernismus*« kam zuerst in der nordamerikanischen Literatur- und Kulturkritik der sechziger Jahre auf. Am Beginn der achtziger war er das Stichwort einer architekturtheoretischen Debatte. Gegenwärtig gibt es in der neueren französischen Philosophie Versuche, auf ihn eine allgemeine Kulturphilosophie zu gründen.[5] Freilich hat der Begriff im Laufe seiner nun schon Jahrzehnte währenden Geschichte nicht an Prägnanz gewonnen. Definiert wird er ausschließlich negativ, nämlich durch die zeitliche Abgrenzung von dem, was jeweils als »modern« unterstellt wird. Im Fall der Literatur und der Musik ist das der Zeitraum von der Spätromantik bis zu den Avantgardebewegungen der dreißiger Jahre, in der Architektur ist das die funktionalistische Bauweise, in der Philosophie wird das Kontrastbild der »Postmoderne« durch den gesamten neuzeitlichen Rationalismus gebildet.

In allen diesen oft sehr kontextspezifischen Verwendungsweisen bleiben zwei Suggestionen konstant. Die erste ist auf die ästhetische Stilentwicklung bezogen. Sie geht davon aus, daß es mit dem jeweils unterstellten Ende der »Moderne« keine unstrittigen, aus der Rationalität von Stilentwicklungen selbst ableitbaren Kriterien für die Avanciertheitsansprüche eines Kunstwerkes mehr gibt. Die positive Kehrseite dieses stilistischen Relativismus bildet die Annahme, daß dem zeitgenössischen Künstler die überkommene Totalität ästhetischer Formen zur Disposition steht. Mit dieser formalen Suggestion verwandt ist die kulturkritische, wonach in der »Postmoderne« sich das der Kunst in der Phase der kulturellen Moderne zugeschriebene Vernunft- und Kritikpotential, ihr aufklärerischer Status, ihre Fähigkeit, schockhafte Einsichten zu vermitteln, ihre politische Oppositionsrolle erschöpft und verbraucht habe. – Nicht zuletzt wegen der großen Vagheit des Begriffs sind – wie wir später noch sehen werden – die kulturpolitischen Bewertungsmuster der als »postmodern« apostrophierten Phänomene eigentümlich schillernd. Manche konservative Kulturdiagnostiker begrüßen in »postmodernen« Stilformen einen neuen Historismus, andere schaudern vor den anarchistischen Impulsen einer in die soziale Welt entlassenen Subversion. Kritische Theoretiker der Kultur warnen hingegen vor einer »repressiven Entsublimierung«, vor dem Autonomiezerfall der ästhetischen Kultur.

Die Wertwandelforschung, die Theorie des Narzißmus und die Debatten um die »Postmoderne« haben perspektivische Berührungspunkte, die sie für den Einbau in eine neokonservative Kulturkritik geeignet macht. Wie die forcierte Verwendung des Präfixes »post-« schon anzeigt (der »narzißtische Charakter« wird gelegentlich auch als »post-ödipal« bezeichnet), wird die Qualität der neueren kulturellen Entwicklungsstufe nicht auf der Basis ihres eigenen Selbstverständnisses beschrieben, sondern aus der Kontrastperspektive der in die systemischen Strukturen der Gesellschaft eingelassenen »formalen Rationalität«, die Max Weber klassisch formuliert hatte. So ergibt sich das eigentümliche Vexierbild einer gleichsam politisch herrenlos gewordenen Kultur zum einen und einer ihrer kulturellen Legitimität beraubten Gesellschaft zum anderen.

Ich werde mich in diesem Kapitel eingehend mit der Herausbildung neokonservativer Motive in der kulturtheoretischen Debatte

in den USA der siebziger Jahre befassen, während ich die bundesdeutsche Diskussion vernachlässige. Ich glaube mich dazu aus
zwei Gründen berechtigt. Ein Großteil der zwischen 1975 und
1984 in der Bundesrepublik erschienenen Untersuchungen zur
Problematik des Wertwandels repräsentiert – etwa im Fall von
Elisabeth Noelle-Neumann[6], Gertrud Oehler[7], Kurt Sontheimer[8],
Hasso von Reccum[9] – eine auf kurzfristige publizistische Effekte
berechnete Gebrauchsliteratur. Ihre zahlreichen argumentativen
Untiefen heben sie selten über das Niveau feuilletonistischer
Zeitdiagnose hinaus. Die anderen, gerade aus unserem Auswahl-
gesichtspunkt seriöser sozialwissenschaftlicher Zeitdiagnostik
interessanten Beispiele einer Kulturkritik aus dem Geiste des technokratischen Konservatismus sind gerade in jüngster Zeit so aus-
führlich dargestellt[10] und so pointiert kritisiert worden[11], daß ich
mich auf eine kurze Zusammenfassung ihrer Resultate beschränken zu können glaube.

Richard Saage hat in einer detaillierten Analyse an Freyer, Jürgen
Habermas hat in großen Zügen an Ritter, Gehlen und Forsthoff
deutlich gemacht, daß viele Repräsentanten des intellektuellen
Konservatismus in der Bundesrepublik zur liberalen politischen
Tradition keineswegs jenes unzweideutige Verhältnis haben wie
ihre amerikanischen Kollegen. Sie stehen vielmehr in lebens-
geschichtlicher Kontinuität oder in der Form unmittelbarer Schüler-
schaft, in der Tradition eines spezifisch antiliberalen Konservatismus. Es ist dies die Tradition einer die Sphäre der Kultur und
die Sphäre der industriekapitalistischen Zivilisation umfassenden
jungkonservativen Kritik der bürgerlichen Moderne, die sich erst
unter den Bedingungen der nachfaschistischen Gesellschaft mit
den technokratischen Aspekten der Industriegesellschaft aussöhn-
te und ihren Antimodernismus fortan auf die Kultur konzentrierte. Die politischen Pointen dieses technokratisch transformierten
Jungkonservatismus bestehen darin, daß die destabilisierenden
Tendenzen der kulturellen Moderne durch das Paradox eines aufgeklärten Traditionalismus (Joachim Ritter), durch eine mytholo-
gisch überhöhte Staatssouveränität (Forsthoff), durch das kontra-
faktische Festhalten an einem archaischen Institutionalismus
(Gehlen) neutralisiert werden sollen. Viele der jüngeren bundesdeutschen Neokonservativen, so besonders Hermann Lübbe und
die Ritter-Schule, haben sich kaum von dieser Tradition gelöst.
Ihrer Reaktion auf die Studentenbewegung, auf gegenkulturelle

Entwicklungen und die neueren sozialen Bewegungen liegt weniger – wie bei ihren amerikanischen Kollegen – die defensive Absicht zugrunde, die Identität einer liberalen politischen und kulturellen Tradition unter real nachbürgerlichen Bedingungen theoretisch zu fixieren, als vielmehr das Motiv, eine von allen politisch-kulturellen Zwecksetzungen befreite, technokratische Modernisierung mit einer vordemokratischen Sollgeltung auszustatten. Der jungkonservative Einschlag ihrer Kulturkritik kommt darin zum Ausdruck, daß sie die Substanz einer – auf die Prinzipien der Kritik, der subjektiven Freiheit, der sittlichen Autonomie des einzelnen und der formalen politischen Gleichheit – begründeten bürgerlichen Moderne niemals akzeptiert hatten. Die gegenkulturellen und radikaldemokratischen Strömungen der sechziger und siebziger Jahre konnten ihnen nicht – wie es bei den amerikanischen Intellektuellen der Fall war – als nachbürgerliche Phänomene erscheinen, weil sie in diesen den Geist jener antiinstitutionellen Subversion am Werke sahen, der für sie in der bürgerlichen politischen Kultur schon immer angelegt war. So entstand jene spezifisch deutsche geistespolitische Konstellation, in der – gegenüber der Studentenbewegung und ihren politisch-kulturellen Nachwirkungen – jene Topoi wiederbelebt wurden, mit denen bereits die Rechtsintellektuellen der Weimarer Republik zeitgenössische linksliberale und radikalliberale Positionen kritisiert hatten.

Die kulturtheoretische Debatte in den USA bestreitet den in den sechziger Jahren aufgekommenen Strömungen nicht ihr historisches Eigenrecht.[12] Neokonservativ ist die Position eines Daniel Bell, eines Philipp Rieff, eines Peter Berger, eines Nathan Glazer, eines Richard Sennett insofern, als sie in diesen Strömungen den Verlust einer spezifisch bürgerlichen Rationalität vermuten. Auf der Höhe der Zeit sind diese Arbeiten aber auch in einem anderen Sinne. Sie haben in Gestalt der Wertwandelforschung, der Narzißmustheorie und der Diskussionen um die »Postmoderne« die sozialwissenschaftlichen Vergegenwärtigungen der veränderten kulturellen Gesamtsituation berücksichtigt. Und ihre Argumentationen bewegen sich auf der Ebene und vor dem Hintergrund jener theoretischen Tradition, an der sich die Wortführer der Revolte selbst orientiert hatten, nämlich der der kritischen Gesellschaftstheorie.

Obwohl bereits zu Beginn der fünfziger Jahre erschienen, hat David Riesmans Buch *Die einsame Masse* der in den USA erst in den siebziger Jahren, also nach der Studenten- und Subkulturbewegung, aufgeflammten kulturtheoretischen Debatte die entscheidenden Stichwörter geliefert.[13] Es bot den typologischen Rahmen, in dem gut zwei Jahrzehnte später ein Daniel Bell, ein Lionel Trilling, Philipp Rieff, Phil Slater, Richard Sennett, Christopher Lasch und andere ihre Bestimmungsversuche des »nachmodernen« Sozialcharakters ansiedeln konnten.

Riesman unterscheidet bekanntlich drei, historisch sequentiell angelegte kulturelle Charaktertypen: den »tradtitionsgeleiteten«, den »innengeleiteten« und den »außengeleiteten« Charakter. Der »traditionsgeleitete« entspricht der Entwicklungsstufe traditionaler Gesellschaften. Kulturelle Traditionen und Praktiken determinieren das Verhalten des einzelnen vollständig. Der »innengeleitete« Charakter entspricht den kapitalistisch modernisierten Gesellschaften des 19. und frühen 20. Jahrhunderts, in denen die Konformität des gesellschaftlichen Verhaltens durch die Verinnerlichung von sozialen Normen hergestellt wird. Für Riesman ist der Prozeß der kulturellen Modernisierung mit dem Übergang zum »innengeleiteten« Sozialcharakter aber nicht beendet. Er glaubt an manchen Angehörigen des gehobenen Mittelstandes in den urbanen Zentren seiner Zeit Verhaltensstile feststellen zu können, auf die die wesentlichen Attribute des »innengeleiteten« Charakters wie Ich-Autonomie, instrumentelle Arbeitsorientierung, individuelle Statuskonkurrenz und Fähigkeit zur sozialen Distanzierung nicht mehr passen. Für diese Verhaltensweisen, die übrigens nach Ansicht seiner oben genannten Rezipienten erst in den sechziger und siebziger Jahren zu breitenwirksamen kulturellen Selbstverständlichkeiten wurden, führt Riesman den Begriff der »Außenlenkung« ein. Dieser Begriff soll eine Konformitätsstiftung bezeichnen, die durch die beständige Orientierung an den Erwartungen anderer geleistet wird. Diese Orientierungsobjekte findet das »außengeleitete« Individuum aber weniger in seinem familialen oder in seinem Freundeskreis als vielmehr in sozialen Objekten, die auf es nur indirekt, nämlich durch die Massenmedien, durch politische Propaganda und vermittelt über gesellschaftliche Institutionen einwirken. Ohne es je explizit zu machen, interpretiert Riesman den Übergang zur »Außenlenkung« als eine kulturelle Regression. Der sich vollziehende Wandlungsprozeß rückt nämlich den (erst später so genannten) »nachmodernen« Sozialcharakter wieder in die Nähe der »Traditionslenkung« – freilich mit dem

bezeichnenden Unterschied, daß die heteronomen Orientierungs-
komplexe jetzt nicht mehr jene existentielle Sicherheitsgewähr bieten wie in den traditionalen Gesellschaften. Die Perspektive, von
der diese Kulturkritik geleitet ist, ist die des Autonomieverlustes,
des Verlustes jener gesellschaftlichen Strukturen, die die Entfaltung des »innengeleiteten« Sozialcharakters überhaupt erst möglich gemacht haben. Das ist für Riesman zunächst das religiös
fundierte Prinzip individueller Gewissensorientierung, die protestantische Idee der Berufsarbeit und die rigide Klassenstruktur
frühkapitalistischer Gesellschaften.

Fast zwei Jahrzehnte später unternimmt Daniel Bell in Anknüp-
fung an Riesman den theoretisch anspruchsvollsten, aber in seiner
neokonservativen Qualität durchsichtigsten Versuch einer Kritik
der zeitgenössischen Kultur.[14] Anders als Riesman, der sich weitgehend mit einer Bestandsaufnahme und typologischen Zuordnung kultureller Symptome zu demographischen Entwicklungen
begnügt hatte, strebt Bell eine theoretische Erklärung des explizit
so genannten »postmodernen« Sozialcharakters an. Die Gruppe
von Phänomenen, an der sein Erklärungsversuch ansetzt, gleicht
freilich denen, die Riesman im Blick hatte. Das sind vor allem die
durch eine permissive Erziehungskultur veränderte Selbstbeziehung des modernen Individuums und seine veränderte Einstellung
zur Berufsarbeit. Bells ursächliche Zurechnung dieser kulturellen
Wandlungen zu zeitgenössischen Ereignissen ist indes viel unmittelbarer als bei Riesman. *Cultural Contradictions of Capitalism* ist
ein Buch über die in den sechziger Jahren entstandene Gegenkultur bzw. über die in den kulturellen Gesamthaushalt entlassenen
gegenkulturellen Motive.

In seinem Zentrum steht die These eines Bruchs zwischen den
Rationalitätsprinzipien des politisch-ökonomischen und des kulturellen Bereichs. Die tieferen Ursachen dieser »Disjunktion« von
Kultur und Gesellschaft sucht Bell in jenen Prozessen, die nach
Max Weber die Modernität gegenwärtiger Kultur erst ausmachen –
nämlich in der Entstehung eigenlogischer Wertsphären von Wissenschaft, Kunst und Moral. Für die ästhetische Kultur bedeutet
dies eine Emanzipation von politischen Loyalitäts- und religiös begründeten Moralitätserwartungen. Für die ästhetische Erfahrung
und ihre experimentell-formale Gestaltung gibt es nach Vollen-
dung dieses Prozesses keine außerästhetischen Grenzen mehr,
Kunst wird ästhetizistisch. Entbunden von den Zwängen zweck-

rationalen Handelns existieren nun für die ästhetische Kultur keine strukturellen Innovationsschranken mehr. Als »moderne« bürgerliche Kultur kann sie sich somit nicht damit begnügen, nur Widerschein ökonomischer Machtlagen zu sein, wie es der Vulgärmarxismus ihr immer unterstellt hatte. Als moderne bürgerliche Kunst steht sie vielmehr zur politischen Ordnung in einem unauflöslichen, impliziten Spannungsverhältnis. Bell setzt – durchaus in Übereinstimmung mit einer kritischen Theorie der Ästhetik – für diesen Prozeß der Autonomisierung einer zunehmend antibürgerlichen Kultur den Zeitraum der letzten hundert Jahre an. Schon kurz nach der Jahrhundertwende hätten sich die Avantgarden der Dadaisten und Surrealisten in den Metropolen Westeuropas ihren eigenen Lebensraum erobert. Seit Kafka, Joyce, Alban Berg, spätestens seit Beginn der dreißiger Jahre also, sei die traditionelle bürgerliche Kultur in der Defensive. Als Soziologe interessiert sich Bell besonders für die qualitativen Wandlungen im Verhältnis von Politik und Kultur: Er konstatiert zunächst eine durch die Ausdehnung der Hochschulbildung bewirkte quantitative Zunahme des kulturkonsumierenden Publikums und einer kulturproduzierenden Elite mit dem Resultat, daß sich die sozialen Träger der Gegenkultur nicht mehr – wie noch um die Jahrhundertwende – als bohèmehafte Minderheit, als gesellschaftliche Enklave empfinden müssen. Das Regiment über den kulturellen Apparat sei längst der mäzenatischen Kontrolle eines kulturkonsumierenden Bildungsbürgertums entglitten und den Protagonisten der avantgardistischen Kunst selbst zugefallen. Deren subversiver Einfluß sei trotz ihres unbestreitbaren Minderheitenstatus so umfassend, weil sie die Schaltstellen des kulturellen Establishments erobert hätten: die Verlage, die Museen, die Galerien, Theater, den Film, die Universitäten und dort besonders die geistes- und sozialwissenschaftlichen Disziplinen. Was aber den Prozeß der Disjunktion von Kultur und Gesellschaft so dramatisch mache, sei der Umstand, daß dieser an Einfluß wachsenden antibürgerlichen Avantgarde-Kultur keine respektable bürgerliche Mehrheitskultur gegenüberstehe. Es sei der spätkapitalistischen Gesellschaft nicht gelungen, eine ihren sozialstrukturellen Bedingungen angemessene und motivational wirksame Kultur und Alltagsethik zu erzeugen. Es bleibe somit der spätbürgerlichen Majorität kein anderer Ausweg als der, ihre Legitimität ausschließlich in politischen Institutionen zur Geltung zu bringen.

In den sechziger Jahren – so Bell – sei die seit gut einem Jahrhundert feststellbare Disjunktion von Kultur und Gesellschaft komplett geworden. Die kulturrevolutionären Bewegungen der sechziger Jahre in den USA markieren für Bell den Übergang von der kulturellen Moderne zur Postmoderne. Die Moderne war definiert durch eine gegenüber der traditionalen Kultur noch zugespitzte Trennung von Laien- und Expertenkulturen, von einer dezidiert esoterischen Verfügung über die kulturrevolutionären Gehalte. Im Zuge der – so Bell – »populistischen« Revolte der sechziger und siebziger Jahre sei diese avantgardistische Verfügung über die antibürgerliche Gegenkultur aufgesprengt und sozusagen demokratisiert worden. In der vom neopopulistischen Geist beherrschten Postmoderne seien die kulturrevolutionären Momente der Moderne in die Massenkultur entlassen worden. In ihrem Gehalt wäre somit die Gegenkultur der sechziger Jahre zwar nur die Reprise einer kulturellen Umwälzung, die in den Salons der Jahrhundertwende längst stattgefunden hatte. In ihrem gesellschaftlichen Effekt jedoch wird die Gegenkultur in der Postmoderne zum mentalitätsbildenden Geist einer neuen Mittelklasse. Was im Modernismus noch in der ästhetisch gestalteten Imagination verbliebe, würde in der Postmoderne unmittelbar verhaltenswirksam.

Der unmittelbare Gewährsmann für Bells pointierte These der Zerstörung der gesellschaftlichen Sittlichkeit durch eine unter die Leute gekommene ästhetische Moderne ist Lionel Trilling.[15] Trilling ist ein an systematischen Fragen interessierter Literaturhistoriker. In *Das Ende der Aufrichtigkeit* hat er eindrucksvolle Belege für die These gesammelt, daß die Form, in der sich Individuen auf sich selbst beziehen, im Laufe der letzten drei Jahrhunderte eine deutliche Wandlung durchgemacht hat. Für den Ausgangspunkt dieses Wandlungsprozesses verwendet Trilling den Begriff der »Aufrichtigkeit«, für sein Ende den der »Authentizität«. Jener Begriff bezeichnet eine Selbstbeziehung in moralischen Kategorien: Das »aufrichtige« Individuum weiß sich im Moment einer moralischen Entscheidung prinzipiell im Einklang mit dem Codex, der das Verhalten der Gesellschaft im allgemeinen bestimmt. Die Wahrhaftigkeit ist ihm selbst ein moralischer Zweck. Das »authentische« Individuum hingegen begreift sich in ästhetischen Kategorien. Es ist angetrieben von dem Motiv, in seinem Handeln ein getreues Abbild seines inneren Selbst darzustellen. Diese soziale Darstellung von Subjektivität verhält sich zur gesellschaftlichen

Moral nicht nur indifferent. In der Regel steht sie zu ihr in einem Spannungsverhältnis. Die Wahrhaftigkeit sei dem modernen Menschen – so Trilling – nur ein Mittel der Selbstdarstellung. Schon bei Rousseau beginnt für ihn der Topos, daß die Gesellschaft zwar für das Überleben des einzelnen nötig ist, aber zugleich das Leben verdirbt, das sie materiell ermöglicht. Seit den psychologischen Romanen des Naturalismus, spätestens seit der Rezeption der Theorie des Unbewußten in der neueren Literatur, seien die Prinzipien der Sittlichkeit und die Kriterien für die Authentizität der Person auseinandergetreten. Vielleicht – so suggerieren es zumindest Trillings Überlegungen – speiste sich die einzigartige gesamtkulturelle Bedeutung der großen bürgerlichen Kunst des 19. Jahrhunderts aus dem Umstand, daß sie die Sphären der ästhetischen Darstellung von Subjektivität und die Dimensionen des moralischen Handelns in der Gesellschaft noch hatte zusammenbringen können. In der Phase der nachmodernen Kunst, die unsere Epoche beherrsche, treten eben diese Dimensionen auseinander.

Bell wendet diese, wie ich noch zeigen werde, sehr selektive kulturgeschichtliche Sichtweise ohne große Umschweife ins Politische. Daß jedes Individuum die maximalen Chancen zur expressiven Selbstentäußerung seiner Subjektivität bekäme, würde unter Bedingungen entwickelter Wohlfahrtsstaaten tendenziell zum Bewertungsprinzip sozialstaatlicher Leistungen, ja zum zentralen Legitimitätskriterium politischer Institutionen überhaupt. Ähnlich wie etwa zur gleichen Zeit Richard Sennett behauptet Bell, daß in den vom »postmodernen« Geist erfaßten neuen Mittelschichten ein »psychodelischer Bazar«, ein quasi religiöser Kult der Intimität und Subjektivität inzwischen jene Rolle übernommen hätte, welche die protestantische Arbeitsethik für die alten Mittelschichten immer noch inne hat.

Seine These der »Disjunktion« von Kultur und Gesellschaft, der Schere von Wertorientierungen und politisch-ökonomischen Funktionserfordernissen belegt Bell mit deskriptiven Argumenten. Mit dem auf den Kultursektor beschränkten Blick wird der Auszug der künstlerischen Avantgarden aus dem bürgerlichen Legitimitätszusammenhang rekonstruiert und behauptet, daß in der Postmoderne deren subversive Motive massenhaft wirksam werden. Die literarische Präsentation seiner Thesen macht die Schuldigen dingfest. Es sind weniger die intellektuellen Avantgarden selbst, also die kulturellen Produzenten, als vielmehr die sozialen

Träger der kulturellen Distributionssphäre, d.h. die liberalen Bildungsreformer, die liberalen Journalisten und Publizisten, die Erwachsenenbildner und Hochschullehrer etc. Bells Buch über die *Kulturellen Widersprüche des Spätkapitalismus* ist ein einziger und stellenweise faszinierender Versuch, eine Antwort zu geben auf die wichtigste neokonservative Problemfrage: wie nämlich die Ausbreitung einer postmaterialistischen, letztlich hedonistischen Alltagsethik eingedämmt und durch neue traditionelle Wertorientierungen ersetzt werden kann, die mit den funktionalen Erfordernissen des spätkapitalistischen Produktionsapparates kompatibel sind.

Daß Bell eine solche Möglichkeit keineswegs so pessimistisch beurteilt wie viele seiner neokonservativen Rezipienten, beweist der ebenfalls 1977 geschriebene Aufsatz *The Return of the Sacred? The Future of Religion.* In dem erst in den achtziger Jahren überschaubaren Aufstieg der fundamentalistischen und rechtspopulistischen Bewegungen in den USA, in den charismatischen Gegenbewegungen in den Amtskirchen und den ersten Vorboten einer umfassenden antimodernistischen Strömung in der amerikanischen Kultur glaubt Bell Umrisse eines neuen Traditionalismus ausmachen zu können, der in der Lage wäre, den perhorreszierten Tendenzen einer demokratisierten Kultur der Moderne Einhalt zu gebieten.

Eine andere Interpretation seiner historischen Darstellung, die, hätte er sie ernster genommen, ihn zu einer anderen kulturkritischen Diagnose und zu anderen politischen Therapievorschlägen geführt hätte, wird von Bell selbst eingeführt. In einer fast beiläufigen Passage, die übrigens auch der englischen Version des Buches den Titel gegeben hat, wird die »Disjunktion« von Kultur und Gesellschaft der spezifischen Entwicklung des Spätkapitalismus selbst zugerechnet. Der – so Bell – »neue Kapitalismus« verlange zwar weiterhin eine asketische Ethik im Bereich der Produktion, stimuliere aber zugleich eine Ethik des schrankenlosen Hedonismus im Bereich der Konsumtion. In einem auf die Bedürfnisse des Massenkonsums ausgerichteten Produktionsapparat sei der hedonistische Konsumismus zur wichtigsten kulturellen Funktionsvoraussetzung geworden. Bell unterläßt es, Konsequenzen und Voraussetzungen dieser Perspektive nachzugehen. Dann nämlich säße nicht eine – überdies nur einseitig, nämlich *ästhetisch* interpretierte und unter die Leute gekommene – kulturelle Moderne auf der Anklagebank, sondern eine von kapitalistischen Reproduktionsbedürfnissen diktierte Hegemonie massenkultureller Symbole.

Für diesen, von Bell selbst nicht beschrittenen Seitenweg interessiert sich Christopher Lasch in seinem Buch *Die Kultur des Narzißmus*. Für Bell besteht die kulturelle Krise des Spätkapitalismus eben darin, daß die kulturellen Motive, die er kraft seiner Logik erzeugt, mit seinen politisch-ökonomischen Funktionsbedingungen nicht mehr vereinbar sind. Lasch hingegen interessiert nicht mehr die Erosion des arbeitszentrierten, auf individuelle Statuskonkurrenz gegründeten, durch autoritäre Gehorsamsbereitschaft gekennzeichneten bürgerlichen Sozialcharakters. Er geht vielmehr davon aus, daß der Spätkapitalismus bereits den seinen Produktionsverhältnissen funktional adäquaten Sozialcharakter erzeugt hat. Dies sei der »narzißtische Charakter«. – Die Beschreibungselemente dieses neuen »postmodernen Sozialcharakters« entnimmt er den bekannten, an therapierten Patienten gewonnenen psychoanalytischen Befunden über die seit einigen Jahrzehnten offenbar strukturell veränderten Ich-Bildungsprozesse. Aufgrund einer etwas kurzschlüssigen Adaption der Adornoschen Bestimmung des Verhältnisses von Psychoanalyse und Soziologie sieht Lasch gerade in der soziologischen Verallgemeinerung klinischer Einzelbefunde die Garantie für eine angemessene Konstruktion der kulturellen Gesamtsituation. Mit dieser Sicht liefert er eine eindringliche, zeitgeschichtlich zugespitzte Beschreibung von kulturellen Krisensymptomen, deren vager Umriß uns seit den *Studien über Autorität und Familie* und seit Riesmans *Die einsame Masse* vertraut ist: der Verfall eines kollektiven historischen Bewußtseins, der therapeutische Kult von Subjektivität bei gleichzeitiger Suspendierung der Ich-Autonomie, die Hegemonie massenkultureller Symbolik in der inneren und äußeren Selbstinterpretation der Gesellschaft, die Verdrängung von Alter und Tod, die Verwissenschaftlichung lebensweltlichen Wissens, die Auflösung der öffentlichen Sphäre. Alle diese Einzelsymptome münden bei Lasch in die zentrale These einer systemisch geronnenen Autoritätsstruktur, eines umfassenden »Paternalismus ohne Väter«. Die Erscheinungsform, die das von Max Weber prophezeite »stahlharte Gehäuse der Hörigkeit« angenommen habe, sei das eines ungreifbaren und zugleich undurchdringlichen Netzes »weicher« sozialer Kontrollen. Der psychische Ausdruck dieser umfassenden Abhängigkeit der Menschen von selbsternannten Experten sei der Narzißmus.

Richard Sennett ist kein Neokonservativer. Ein Großteil seiner Schriften weist ihn als kritischen Soziologen aus. Auch sein Buch *The Fall of Public Man* wurde trotz seiner zwar indirekten, aber gleichwohl unmißverständlichen Kritik gegenwärtiger gegenkultureller Tendenzen primär als Selbstkritik der Intelligenz rezipiert.[17] Was ihm jedoch weit über diesen Kreis hinaus, und zwar bei Freund und Feind der Gegenkultur, Aufmerksamkeit sicherte, war eine eigentümliche geistespolitische Ambivalenz. Das Buch knüpft zwar an Motive der *Dialektik der Aufklärung* an. Aber trotz aller betonten Nähe zur kritischen Tradition entfalten sich in *The Fall of Public Man* Momente einer konservativen Kulturkritik, die in ihrer selektiven Rekonstruktion der bürgerlichen Moderne Daniel Bells neokonservatives Programm an Radikalität noch überbietet. Sennetts These besteht aus zwei komplementären Hälften: Die Entwicklung der bürgerlichen Moderne sei gekennzeichnet durch die allmähliche Aufhebung der Grenze zwischen der Welt intimer Empfindungen und dem öffentlichen Bereich politischer Beziehungen. In der im späten 19. Jahrhundert voll entfalteten, bis heute ungebrochen verlängerten »intimen« Gesellschaft sei die Frage nach der individuellen Authentizität zum entscheidenden Kriterium zwischenmenschlicher Beziehungen geworden. »Vergemeinschaftung« sei die der entwickelten kapitalistischen Gesellschaft angemessene Form der Geselligkeit. Die Individuen der Moderne hätten sich auf die richtungslose Suche nach ihrem privaten Selbst begeben. Bei dieser Suche wird Subjektivität zu einer magischen Frucht, die die Individuen einzig in der vergeblichen Hoffnung schälen, auf deren nichtexistenten Kern zu stoßen. Als Kollektiv wüßten sich die spätbürgerlichen Menschen nur noch im Prozeß wechselseitiger Selbstenthüllung. Zugleich können sie die objektiven Strukturen im Kraftfeld politischer Beziehungen nur noch als die charismatische Besetzung subjektiver Qualitäten wahrnehmen.

Sennett tritt auf als radikaler Ideologiekritiker. Die Frage nach Chancen der zukünftigen Organisation einer Gesellschaft, die ihre subjektive und ihre öffentliche Geographie in ein balanciertes Verhältnis setzt, legt er sich nicht vor. Die Spuren einer positiven Kontrastfolie zur »Tyrannei der Intimität« führen für ihn vielmehr zurück in die vorbürgerliche Vergangenheit. Er findet sie in den hochkonventionalisierten, durch höfische Etiketten geprägten Verhaltenscodices der aristokratischen Öffentlichkeit. Er greift zum klassischen Topos des »theatrum mundi«, um sein Bild eines

Gleichgewichts von psychischer Binnen- und sozialer Außenwelt deutlich zu machen. Dieses hat nach Sennett seine Wurzel in der kindlichen Spielerfahrung. Seine gesellschaftliche Stabilisierung wäre eigentlich eine ästhetische, eine dramaturgische Leistung. Erst die respektierten konventionellen Begrenzungen des Verhaltens bieten diesem die Chance, in deren subjektiver Erkundung und Variation ein stabiles Selbstverhältnis zu entwickeln. In der historischen Entfaltung seiner These beschränkt sich Sennett auf das öffentliche Leben in Paris und London. Er konzentriert seine Analyse einmal auf die Mitte des 18. Jahrhunderts, dann auf die vierziger und neunziger Jahre des 19. Jahrhunderts. Kunstvoll zitiert und arrangiert er Dokumente über das Verhalten auf öffentlichen Plätzen, über das Verhältnis von Akteuren und Zuschauern im Theater, über Kleidersitten, Familienstrukturen, Konsumgewohnheiten und städtische Architektur – immer mit dem Zweck, die variierenden Distinktionen von (politischer) Öffentlichkeit und (intimer) Privatheit zu verfolgen. Obwohl seine historische Materialanalyse am Ende des 19. Jahrhunderts abbricht, behauptet Sennett die ungebrochene Geltung der an jenen Materialien abgelesenen kulturkritischen Diagnose bis zur Gegenwart. Das 20. Jahrhundert gilt ihm nur als eine dramatisierte Fortsetzung des 19. Die gegenwärtigen Symptome einer Pathologie des Subjektivismus wie des öffentlichen Lebens erkennt er in folgenden Phänomenen: der durch Massenmedien verstärkten Pathologie einer Politik, die sich in der charismatischen Selbstinszenierung politischer Eliten erschöpft, in einer partikularistisch verkommenen Brüderlichkeitsethik, die sich nur noch über den Ausschluß des »Anderen« stabilisiert, der meritokratischen Individualisierung der Sozialstruktur, in deren Folge das soziale Schicksal nicht mehr als typisierbare Klassenerfahrung erlebt wird, sondern als die in die Person selbst hineingenommene gesellschaftliche Stellung, und schließlich der selbstzerstörerischen Kultivierung der Subjektivität.

Die Kritik dieser Symptome einer »nachmodernen« Kultur erfolgt jedoch nicht aus der Sicht einer Theorie des Spätkapitalismus, sondern aus der eigentümlich hintergründig bleibenden Perspektive einer durch Namen wie Tocqueville, C. J. Burkhardt und Ortega y Gasset bezeichneten kulturkonservativen Theorie der Massengesellschaft. Richard Sennetts *The Fall of Public Man* bietet das – aus der neueren französischen Kulturkritik vertraute – Schauspiel einer überdehnten Ideologiekritik, die, weil sie ihrer eigenen

Maßstäbe nicht mehr sicher ist, in die Spuren eines kulturellen Relativismus einmündet, der sie an neokonservative politische Stabilisierungsprogramme nahtlos anschließbar macht.

Die in Sennetts Buch durchgehaltene geistespolitische Ambivalenz ist bei Philip Rieff nicht anzutreffen.[18] Anders als Bell, der den Zerfall des »innengeleiteten Charakters« einer Demokratisierung der kulturellen Moderne mit zumindest interessanten Argumenten zugerechnet hatte, sieht Rieff die »therapeutische Mentalität« und vor allem die Psychoanalyse als die Ursache jener Riesmanschen Liste sozialpathologischer Phänomene an. Rieff stellt sich – so unverblümt wie sonst nur Arnold Gehlen – die Frage nach den motivationalen Quellen einer neuen Ethik des Verzichts, auch wenn er deren Chancen ungünstiger beurteilt als Daniel Bell.

Diese und andere – hier nicht erwähnte – Beispiele neuerer Kulturkritik sind *neokonservativ* kraft bestimmter Annahmen, die sich zu einer narrativen Struktur, zu einer Art »Märchen« verdichten lassen. Dieses kulturkritische »Märchen« wird aus den folgenden Bausteinen montiert:

1. Es war einmal ein goldenes Zeitalter bürgerlicher Rationalität, d.h. eine durch den Protestantismus geformte Kultur des Verzichts, in der die sittliche Autonomie des einzelnen funktional vermittelt war mit den Imperativen der Arbeitswelt und in der expressive Selbstverwirklichung allenfalls dem Künstler zugestanden wurden. Es war eine Kultur der fraglosen Gehorsamsbereitschaft gegenüber dem Staat, durchdrungen von dem Respekt vor den sozialen Schranken der Klassen.

2. Dieses goldene Zeitalter wird durch einen Sündenfall beendet. Worin dieser im einzelnen besteht, wird zwar in den vielen Varianten des Märchens verschieden konzipiert: die einen beziehen sich auf demographische Entwicklungen, die anderen verweisen auf die subversive Rolle der Sozialwissenschaften, andere die der Psychoanalyse, andere wiederum die Reform des Bildungswesens etc. Aber alle betonen die dramatische historische Zäsur, die durch den Sündenfall geschaffen wird. Richard Sennett scheut sich nicht vor der Analogie mit dem verfallenden Römischen Reich. Bei Bell finden sich Spenglersche Untergangsvisionen, Gehlen und Schelsky evozieren Bilder zusammenbrechender Hochkulturen. Die Gegenwart stellt in diesem Märchen ein Reich kultureller und sittlicher Finsternis dar, beherrscht von einer zügellosen Zersetzung, einer schrankenlosen Habgier, dem Jahrmarkt der Eitelkeiten,

dem Kult des Trivialen. Die nachbürgerliche Kultur ist ein bloßes Dekadenzphänomen. Ihre Symptome fügen sich zu einem einheitlichen Signum des Verfalls.

3. Zum Wertesystem einer »neuen« Gesellschaft taugen die Symptome einer nachbürgerlichen Kultur allein schon deshalb nicht, weil ihre auf das Subjekt zentrierten ästhetischen und antitraditionalen Motive von ihrer Struktur her nicht »gesellschaftsfähig«, d.h. zur moralischen Integration eines Gemeinwesens imstande sind. Überdies war mit der kapitalistisch-industriellen Gesellschaft der Zenit möglicher zivilisatorischer Entwicklung bereits erreicht. Jeder Schritt über die sie zusammenhaltende Rationalität hinaus kann nur in den Abgrund führen.

Der erste Fehler dieser narrativen Reihung von Annahmen liegt in der überzogenen Suggestion einer Epochenschwelle, einer dramatischen historischen Zäsur zwischen der guten »alten«, »modernen«, »innengeleiteten«, »bürgerlichen« und einer schlechten »neuen«, »nachmodernen«, »außengeleiteten« und »nachbürgerlichen« Kultur. Der zweite Fehler besteht in der einseitigen, von vorneherein parteilichen verfallstheoretischen Stilisierung des unterstellten Übergangs. Die gesamte theoretische Konstruktion neukonservativer Kulturkritik ist schief, weil sie auf dem Fundament einer doppelten Einseitigkeit aufruht. Sowohl das »Neue« als auch das »Alte« werden nur selektiv wahrgenommen: die möglichen Differenzierungen, die kulturellen Gewinne, die erweiterten Selbstbestimmungsräume der sogenannten »nachbürgerlichen« Ära werden ebenso unterschlagen wie die destruktiven, desintegrierenden und kulturzerstörerischen Anteile der bürgerlichen Rationalität.

In der Optik der neuen Konservativen hat das »Neue« keine eigene Qualität. Es ist schlecht, weil es die Merkmale nicht mehr aufweist, die die »alte« Kultur angeblich konstituierten. Auch in der avanciertesten Form neukonservativer Kulturkritik, der Daniel Bells, wird der positiv selegierende Blick auf die »alte Kultur« durch einen negativ selegierenden auf die »neue« bekräftigt. Bell hatte an Webers Konzept der Ausdifferenzierung der Wertsphären angeknüpft, in dem sich Wissenschaft, Kunst und Moral von der Nabelschnur einer sie noch vereinigenden Metaphysik lösen und zur institutionellen, methodologischen und normativen Eigenständigkeit gelangen. Durch Lionel Trillings literaturgeschichtliche Analyse geleitet, beschränkt sich Bell aber auf einen, nämlich den ästhetischen Strang der Ausdifferenzierung der Wertsphären. Er nimmt das schon über ein halbes Jahrhundert alte surrealistische Projekt der Aufhebung der Trennung von Kunst und Leben für bare Münze und diagnostiziert in den gegenkulturellen, antiautoritären, radikaldemokratischen, pazifistischen und ökologischen Strömungen lediglich die massenkulturelle Epidemie eines in der ästhetischen Moderne gezeugten Bazillus der Subversion. Wie will er aber die gerade auch von konservativen Erforschern des sogenannten Wertwandels immer wieder bestätigten Befunde erklären, die im Repertoire jener »neuen« kulturellen Einstellungen vor allem auf *moralische* Dimensionen stoßen. Die offensive Artikulation von Gleichberechtigungsforderungen in den Bürgerrechtsbewegungen der Schwarzen und der Frauen, die radikalisierten Ansprüche auf individuelle Freiheitsrechte und Rechte der politischen Kommunikation im radikaldemokratischen Spektrum der Alternativbewegung, das von der Ökologiebewegung artikulierte »neue« Bewußtsein von der Versehrbarkeit natürlicher, sozialer und historischer Umwelten und die gesteigerten sinnhaften Identifizierungsansprüche an die Arbeitswelt können nur einem ideologisch abgelenkten Blick als Symptome einer ästhetischen Subversion erscheinen. Sie verweisen vielmehr auf den radikalisierten Prozeß der Ausdifferenzierung moralischer Einstellungen. Selbst der bei Bell und Sennett kurrente Verweis auf die gegenkulturelle Konjunktur einer expressiven Selbstbeziehung kann jene ästhetische Argumentation nicht tragen, handelt es sich doch lediglich um die Demokratisierung und auch massenkulturelle Ausbeutung eines Ideals differenzierter Subjektivität, das im Bildungsideal der Oberklassen immer schon angelegt war.

Die für die neukonservative Kulturkritik bereits in der Wahl ihres Belegmaterials angelegte selektive Identifikation der Moderne mit der ästhetischen Kultur würde nicht nur an historischer Differenziertheit gewinnen – auch ihre politische Optik hätte sich zu ändern, wenn das »Neue« eben auch als Resultat der Ausdifferenzierung einer *moralischen* Kultur wahrgenommen würde. Dieses balancierte und politisch anders gewichtete Bild der kulturellen Moderne würde schließlich auch noch jener verfallstheoretischen Entgegensetzung der »alten« und »neuen« Kultur den Boden entziehen und darauf aufmerksam werden lassen, daß die scheinbar neuen Interessen an der Erweiterung von Spielräumen individueller und kollektiver Selbstbestimmung nur die Aktualisierung von

Prinzipien bezeichnen, die im historisch höchst ambivalenten Wertespektrum der bürgerlichen Gesellschaft eben auch angelegt waren. Das scheinbar »Neue« repräsentiert lediglich die Radikalisierung von Wertaspekten, die selbst ein integrales Element der von den neokonservativen totgesagten bürgerlichen Rationalität darstellen – nämlich die aus dem säkularen Humanismus der Aufklärung entstandenen Prinzipien individueller und sozialer Selbstbestimmung.

Ähnliches gilt für die selektive Verzeichnung der »alten Kultur«. Viele der von Riesman bis Rieff immer wieder als sozialpathologisch klassifizierten Symptome wie ein konsumistischer Hedonismus, die strategische, d.h. interessengeleitete Einstellung gegenüber der politischen Gemeinschaft, der Kult des Individuums, die permanente Statusunzufriedenheit bezeichnen nicht etwa das Ende des bürgerlichen Wertsystems, sondern nur seinen massenhaften Triumph.[19] Auf der Rückseite der von Max Weber beschriebenen Ausdifferenzierung der kulturellen Wertsphären vollzog sich die Emanzipation des ökonomischen Handelns aus der traditional bestimmten Sittlichkeit. Die bürgerliche Gesellschaft ist nie eine organische Gesellschaft gewesen, wie die neukonservativen Rettungsversuche bis heute unterstellen. Sie wird nicht integriert durch einen moralischen Wertekanon, sie ist ein »System der Bedürfnisse«. Sie wird zusammengehalten durch die moralisch neutrale Verfolgung egoistischer Interessen. Das allgemeine Wohl ist nach Adam Smith nicht das Resultat der kollektiven Verfolgung moralischer Zwecke, sondern das Aggregat widerstreitender Interessen. So handeln die Arbeiter, die ihre Unterhändler bei Tarifverhandlungen auf maximale Lohnzuschläge drängen, nicht wider die bürgerliche Rationalität. Indem sie versuchen, ihre Vorteile zu maximieren, verhalten sie sich wie der profitmaximierende Unternehmer streng gemäß der Interessenlogik. Freilich funktioniert eine solche Gesellschaft immer nur kraft der partiellen Inanspruchnahme dieser Logik. Sie funktionierte nur, sofern sie Klassengesellschaft war, d.h., sofern ein Großteil der Bevölkerung – Arbeiter und Frauen – von der Logik dieser Interessenmaximierung systematisch ausgeschlossen blieb. Und sie funktionierte nur, solange die noch aus vorbürgerlichen Zeiten stammenden traditionalen Wertreste dem reinen Kampf strategischer Interessen Grenzen setzten. Worüber die Neokonservativen heute klagen, ist nicht das Ende der bürgerlichen Rationalität als solche, sondern das Ende der historischen Bedingungen ihres Funktionierens, d.h. das Ende der strukturell partiellen, der klassenmäßig beschränkten und traditionalistisch gebremsten Gesellschaftsbedingungen. Erst das Zusammenwirken der massendemokratischen und wohlfahrtsstaatlichen »Inklusion« größerer Bevölkerungsgruppen in die Gesellschaft mit der beschleunigten Erosion traditionaler Wertorientierungen produziert jene Symptome, an denen sich die neukonservative Kulturkritik heute abarbeitet.

Erst jetzt tritt ein Problem ins Bewußtsein, welches der kapitalistischen Modernisierung zwar seit ihren Ursprüngen immanent ist, das aber im Restschatten einer traditionalistischen Kultur für Jahrhunderte verborgen blieb. Eine auf die Zwecksetzungen des Marktes und der politischen Administration bezogene Modernisierung der Gesellschaft nährt sich – quasi parasitär – von den Beständen einer gesellschaftlichen Moral, die sie innerhalb ihrer Funktionsgesetzlichkeiten nicht mit produziert. Die Organisierung ihrer Rationalität stützt sich zwar auf die Fundamente einer Moral, die den Respekt vertraglicher Abmachung gebietet, die zu Wahrhaftigkeit, Schutz der Schwächeren und Friedfertigkeit auffordert, trägt aber zur Stabilisierung dieser Fundamente selbst nichts bei. Zu diesen Moralbeständen verhalten sich Markt und Administration wie die große Industrie zu den fossilen Brennstoffen: sie werden im Zuge ihrer Expansion verbrannt. Auf diesen kulturzerstörerischen Aspekt der kapitalistischen Modernisierung haben im 18. und 19. Jahrhundert vornehmlich die sozialkonservativen Denker der Romantik hingewiesen. Freilich kritisierten sie diese im Lichte einer Sittlichkeit, welche die materielle Reproduktion der Gesellschaft wieder einbinden wollte in die Sinngebung einer traditionalen Kultur. Am Ende des 20. Jahrhunderts existiert keine traditionsdefinierte Sittlichkeit mehr, in deren Namen eine an ihre Grenzen gestoßene Modernisierung in ihre Schranken verwiesen werden könnte. Auf dieses Dilemma reagieren heute neukonservative Vorschläge, die entweder – wie Niklas Luhmann – eine staatliche Ideologieplanung vorschlagen oder, wie Daniel Bell, die Rekonstruktion einer staatsbürgerlichen Moral, oder die, wie Helmut Klages, über Probleme einer administrativen Wertpflege räsonieren. Die neokonservative Qualität von Vorschlägen dieses Typus besteht eben darin, daß den in ihrer Substanz entwerteten und ihres kognitiven Zusammenhangs längst beraubten Resten einer traditionalistischen Kultur wieder zur Geltung verholfen werden soll. Zur Geltung verholfen nicht deshalb, weil die staatlichen »Wertpfleger« – wie noch die Altkonservativen – selbst von den Geltungs- und Wahrheitsansprüchen jener Kultur überzeugt wären, sondern weil sie deren Stabilisierungsleistungen aus Steuerungsgründen für unverzichtbar halten. In dieser funktionalistischen Einstellung gegenüber dem Phänomen Kultur könnten sie sich auf Hobbes berufen. Dieser neigte zwar dazu, die Wahrheitsansprüche der institutionalisierten Religion zu bestreiten, war aber von ihren sozialtechnischen Stabilisierungsleistungen so sehr überzeugt, daß er Feinde der Religion aus *politischen* Gründen für gefährlich hielt. Diese funktionalistische Reduktion des kulturellen Feldes, d.h. des Feldes individueller Motivbildung, kollektiver Sinnorientierung und symbolischer Vergegenwärtigung bringt kulturelle Einstellungen um das, was ihre Substanz eigentlich ausmacht, nämlich um ihren jeweiligen Wahrheitsanspruch. Aus der Sicht der staatlich-administrativen »Wertpflege« ist Kultur nur noch interessant als Steinbruch, aus dem sich die politischen Eliten jene Bauelemente liefern lassen, den sie für die soziale Integration der Gesellschaft als unabdingbar ansehen.

Aus konservativer Sicht besteht das Schicksal der Kultur in der Moderne in einem unwiederbringlichen Schwund autoritativ akzeptierter Traditionen, einer beständigen Erosion konformitätserzeugender metasozialer Garantien des sozialen Zusammenhangs. Dieser Sicht radikal entgegengesetzt ist eine Perspektive, in der diese – von Konservativen als Verlust bilanzierte – Erosion zugleich die historischen Chancen politisch-kultureller Selbstbestimmung konstituiert.[20] Die Eigentümlichkeit moderner Kultur besteht ja gerade darin, daß das Medium der wechselseitigen Verständigung und der Koordination von Interessen immer stärker von den Menschen selbst produziert werden muß. So war in der traditionellen Kultur des Mittelalters die Legitimität politischer Herrschaft abhängig von den Vorgaben eines religiös definierten Weltbildes. In der Moderne wird diese abhängig von der demokratischen Zustimmungsbereitschaft der Bürger. Ebenso ist die Vitalität kultureller Traditionen heute nicht mehr bestimmt vom Grad ihrer blinden Verinnerlichung, sondern von der reflexiven Aneignung kritikfähiger Individuen. *Modern* sind unsere Gesellschaften nicht mehr nur in dem Sinne, daß sie kraft des Niveaus ihrer Produktivkräfte die materiellen Bedingungen ihrer Existenz selbst reproduzieren können. In einem erweiterten Sinne modern sind sie erst in dem Maße, wie allen gesellschaftlichen Gruppen die Möglichkeit zuwächst, an dem Prozeß der normativen Ausrichtung der Politik, der symbolischen Vergegenwärtigung ihrer Möglichkeiten, der Bestimmung ihrer Ziele und Mittel teilzunehmen. Den *modernen* Gesellschaften stellen sich ihre Probleme nur noch in rein sozialen und politischen Begriffen. Jetzt, da die Politik an die Stelle von Tradition und Transzendenz getreten ist, wird die *Kultur* zu dem Feld, auf dem soziale Gruppen um die Rationalitätsmaßstäbe der gesellschaftlichen Organisation streiten.

Anmerkungen

1 Vgl. dazu Philip Slaters Polaritätenprofil von Wertorientierungen in: *The Pursuit of Loneliness*, Boston 1976, S. 109.

2 Vgl. Ronald Inglehart, *The Silent Revolution. Changing Values and Political Styles Among Western Publics*, New Jersey 1977.

3 Vgl. den umfänglichen Band von Helmut Klages und Peter Kmiecak (Hg.), *Wertewandel und gesellschaftlicher Wandel*, Frankfurt/New York 1981.

4 Zur ersten Orientierung vgl. Thomas Ziehe, *Pubertät und Narzißmus*, Frankfurt/M. 1975 und Heinz Kohut, *Narzißmus*, Frankfurt/M. 1976.

5 Vgl. Jean-François Lyotard, *La condition postmoderne*, Paris 1979.

6 *Werden wir alle Proletarier?*, Zürich-Osnabrück 1978.

7 *Die Kinder der Freiheit*, Stuttgart 1983.

8 *Zeitenwende?*, Hamburg 1983.

9 *Dimensionen des Wertewandels*, in: *Aus Politik und Zeitgeschichte*, B 25/84.

10 Vgl. Robert Lederer, *Neokonservative Theorie und Gesellschaftsanalyse*, Frankfurt/M. 1979.

11 Vgl. Richard Saage, *Rückkehr zum starken Staat?*, Frankfurt/M. 1983, bes. S. 202–227, und Jürgen Habermas, *Neokonservative Kulturkritik in den USA und in der Bundesrepublik*, in: *Merkur* 36/1982.

12 Auf den diskursiven Zusammenhang der im Folgenden diskutierten Autoren hat mich Alessandro Ferrara aufmerksam gemacht; vgl. seine Dissertation, *Rousseau's Ethic of Authenticity. It's Relation To Western Rationalism And Contemporary Culture*, Univ. of California, Berkeley 1984.

13 Vgl. David Riesman, *Die einsame Masse*, Darmstadt 1956.

14 Vgl. Daniel Bell, *Die Zukunft der westlichen Welt*, Hamburg 1976.

15 Vgl. Lionel Trilling, *Das Ende der Aufrichtigkeit*, Hamburg 1983.

16 Vgl. Christopher Lasch, *Das Zeitalter des Narzißmus*, München 1980.

17 Die deutsche Übersetzung erschien unter dem Titel *Verfall und Ende des öffentlichen Lebens*, Frankfurt/M. 1983.

18 Philip Rieff, *The Therapeutic Mind*, New York 1973.

19 Vgl. dazu ausgezeichnet Michael Walzer, *Nervous Liberals*, in: *The New York Review of Books*, 11. Okt. 1979.

20 Mit dieser radikalen Perspektive arbeitet Alain Touraine, in: *La Voix et le Regard*, Paris 1978.

Demokratie

Die Geschichte der Idee der »Demokratie« läßt sich nicht als Ideengeschichte schreiben.* Bedeutung und Geltung ihres Begriffs sind jeweils so verwoben in die Besonderheit des historischen Augenblicks, daß sie sich ohne deren Berücksichtigung kaum rekonstruieren lassen. Gleichwohl geht sie als *politische* Idee in dieser historischen Besonderheit niemals auf, sondern bewahrt dieser gegenüber immer eine eigentümliche Selbstständigkeit. Erst diese relative Selbstständigkeit begründet die legitimierende Kraft politischer Ideen in den jeweilig aktuellen Konflikten. Als utopisch-regulatives Prinzip, als Wertorientierung einer politischen Kultur, als psychologisches Motiv zur Anerkennung einer legitimen politischen Ordnung kann die Idee der Demokratie nur dann wirken, wenn ihre Geltung der Zufälligkeit einer besonderen historischen Konfliktsituation zugleich auch enthoben ist.

Dieses Faktum der gleichzeitigen historischen Vermitteltheit und Unvermitteltheit des Diskurses über Demokratie läßt sich sowohl für den weiten Berichtszeitraum eines epischen Historikers nachweisen wie für den stärker auflösenden Blick des Zeitgeschichtlers. So kam die moderne Idee der Demokratie auf den Weg als frühbürgerliche Kritik feudaler Standesvorrechte. Im Zuge des sich entfaltenden Kapitalismus und der zum Höhepunkt strebenden Industrialisierung schmolz ihr der klassischen Tradition entlehntes Pathos der Selbstbestimmung rasch zusammen auf das Konzept einer rechtsstaatlich geregelten, durch Parteien vermittelten Elitenkonkurrenz. Auch der normative Gehalt des Demokratieverständnisses in den fünfziger und sechziger Jahren dieses Jahrhunderts entsprang der besonderen historischen Situation der frühen Nachkriegszeit. Der militärisch besiegte Faschismus und der durch den Stalinismus diskreditierte »reale Sozialismus« wurden zusammengezogen zu einem antidemokratischen, »totalitären« Block, dem sich die spätkapitalistischen Massendemokratien als die sogenannte »freie Welt« entgegensetzten. Das durch diese Entgegensetzung normativ bestimmte Verständnis von Demokratie hatte in den westlichen Gesellschaften für fast ein Vierteljahrhundert ungebrochene Geltung.

Die legitimierende Kraft dieses Demokratieverständnisses ist in den siebziger Jahren in eine Krise geraten. Die Alternative »Totalitarismus vs. liberale Demokratie« trat in den Hintergrund, und es entstand eine neue geistespolitische Front, nämlich die zwischen einem »elitären« und einem »partizipatorischen« Verständnis von Demokratie. Und es ist eben diese Herausforderung des liberalen Demokratiemodells durch praktisch-politische Partizipationsforderungen, die die gegenwärtigen Debatten über Probleme politischer Teilhabe in modernen Gesellschaften bestimmt. Diese perspektivische Verschiebung ist primär nicht – wie man meinen könnte – jenen radikalliberalen und sozialistischen Gesellschaftskritikern zuzurechnen, die auch unter den Bedingungen der weitreichenden öffentlichen Wirksamkeit des anti-totalitaristischen Schemas nie aufgehört hatten, dessen autoritäre (Rest-) Elemente zu kritisieren. Diese Krisendiagnose entstammt vielmehr der Tradition jener liberalkonservativen Denker, die in den vierziger und fünfziger Jahren selbst die Fundamente für das anti-totalitäre Demokratieverständnis gelegt hatten. *»Unregierbarkeit«* ist das programmatische Kürzel, unter der sie die vielfältigen Erscheinungsformen der Krise zusammenfassen.[1]

  Den Anlaß zur Formulierung dieser These boten ihnen die im Übergang zu den siebziger Jahren zu beobachtende drastische Zunahme einer partizipatorisch orientierten Protestkultur und die extensive Nutzung existierender demokratischer Institutionen. Die 1974 geprägte Formel der »Unregierbarkeit« wurde rasch und breit rezipiert. Zu eindeutig ideologischen Zwecken wurde sie zu einem vagen Schlagwort popularisiert; aber sie ist auch pointiert und kompetent kritisiert worden.[2] Ich beschränke mich hier auf die früheste, wohl prägnanteste und politisch einflußreichste Version der Unregierbarkeitsthese, jener nämlich, die von den Autoren der Trilateralen Kommission formuliert worden ist.[3] In dieser 1973 gegründeten Kommission hatten sich führende, ihren jeweiligen Regierungen nahestehende Sozialwissenschaftler aus den USA, Westeuropa und Japan zusammengefunden, um die ihren Gesellschaften gemeinsamen Entwicklungsprobleme zu analysieren. Der Bericht dieser Kommission nahm die folgenden – empirisch weitgehend unstrittigen – Phänomene zum Anlaß, die These eines den Bestand liberaler Gesellschaften gefährdenden »Exzesses an Demokratie« aufzustellen:
– die häufigen Forderungen nach einer partizipatorischen Kontrolle öffentlicher Körperschaften und greifbare Ansätze ihrer

Institutionalisierung (etwa in manchen Hochschulen der Bundesrepublik und der Stadtteilkörperschaften im Rahmen der commu-
nity-action-Programme in den USA);
– ein in zahlreichen Umfragen und Einstellungserhebungen bestä-
tigter Vertrauensschwund jener politischen und ökonomischen
Institutionen, die die Statik spätkapitalistischer Gesellschaften tragen;
– eine gestiegene öffentliche Sensibilität gegenüber dem Macht-
mißbrauch von Exekutivorganen;
– eine in der Gesamtbevölkerung spürbar größere Bereitschaft zu
oder zumindest Veständnis für »unkonventionelles« politisches
Verhalten und ein sprunghafter Anstieg politischer Aktivitäten
von Bürgerinitiativen und neuen sozialen Bewegungen, besonders
der Frauen, ethnisch-regionaler Minderheiten und ökologisch Be-
troffener;
– die zunehmende Proklamation von Ansprüchen und Konflikt-
bereitschaften in »vor-politischen«, z.B. moralisch-kulturellen
und ökonomischen Bereichen (etwa Abtreibung und betriebliche
Mitbestimmung);
– hohe Grade der Wählerfluktuation, abnehmende identifikatori-
sche Bindung an politische Parteien bei gleichzeitiger Zunahme
von politischen Organisationsformen, die gruppenspezifische Interessen vertreten;
– schließlich eine in ihren Motiven zunehmend konsistenter wer-
dene Protestmentalität, deren verschiedene Ausprägungen durch
die Orientierung an den Werten sozialer Gleichheit und politischer Teilhabe zusammengehalten werden.
Man kann diese Phänomene, deren empirische Ausprägung von
allen sozialwissenschaftlichen Lagern ähnlich beschrieben wird[4],
gemäß einem Vorschlag von Kielmannsegg als eine *intensive* und
eine *extensive* Radikalisierung des Demokratieprinzips interpretieren.[5] *Intensiv* wird es insofern radikalisiert, als die normativen und
materiellen Ansprüche an und die Empfindlichkeit gegenüber politisch-administrativen Leistungen und Eingriffen wächst. *Exten-
siv* wird es radikalisiert, indem es über den eng definierten Bereich
politischer Teilhaberechte ausgedehnt wird auf ökonomische und
kulturelle Lebenssphären. Zwar sind dies nach einem herkömmlichen liberalen Staatsverständnis »vorpolitische« Bereiche. Da aber
im Zuge der Entfaltung des Wohlfahrts- und Interventionsstaates
mehr und mehr »gesellschaftliche« Felder unter staatliche Disposi-

tionsgewalt geraten sind, ist gerade die Abgrenzung des genuin »Politischen« zunehmend schwierig und strittig geworden.

In der von den Neukonservativen als »Unregierbarkeit« wahrgenommenen Krise des liberalen Demokratiekonzepts geschieht also sowohl eine Dramatisierung des Prinzips politischer Selbstbestimmung als auch eine Kritik derjenigen institutionellen und verfassungsrechtlichen Vorkehrungen, *innerhalb* derer dieses Prinzip in der Massendemokratie zur Geltung kommen soll. Die existierenden Kanäle politischer Willensbildung und Entscheidungsbeeinflussung werden intensiver genutzt, und es ist eben diese intensivere Nutzung, die dazu Anlaß gibt, die Angemessenheit der bestehenden institutionellen Formen für die Norm der Selbstbestimmung in Zweifel zu ziehen. – Die neokonservative Bilanz dieser empirisch unstrittigen Phänomene liest sich wie eine – nur spiegelbildlich verzerrte – Version der Anfang der siebziger Jahre von Offe und Habermas aufgestellten These von der »Legitimationskrise«: die sowohl in Einstellungen wie in ersten Institutionalisierungen greifbar werdende Konjunktur eines partizipatorischen Demokratieverständnisses bewirkte zum einen eine starke Zunahme reformistischer Regierungsaktivitäten und zum anderen eine entsprechende Abnahme der Regierungsautorität. »Unregierbarkeit« sei die paradoxe Synthese einer »inflationär aufgeblähten« reformistischen Erwartungshaltung des politischen Publikums und des in dramatische psychologische wie fiskalische Liquiditätskrisen geratenden Staatsapparates. In der mit der Formel »Unregierbarkeit« bezeichneten Legitimationskrise seien die staatlich vorgesehenen Institutionen der politischen Willensbildung in den Sog außerparlamentarischer Strömungen geraten, während zugleich die funktionsbezogenen Staatsorgane durch Aufgabenüberlastung tendenziell blockiert würden.

Manche Theoretiker der »Unregierbarkeit« legen den Akzent auf andere Faktoren, denen die diagnostizierte Krise zugerechnet wird: sei es die »vierte Gewalt« der Medien, seien es die »inflationär« wirkenden Mechanismen der Parteienkonkurrenz oder gar die durch kulturelle Modernisierung bewirkte »Zersetzung« traditionaler Zustimmungs- und Apathiepotentiale. Mit der prägnanten Ausnahme jener Theorien, die »Unregierbarkeit« lediglich auf administrative Steuerungsdefizite zurückführen, treten alle als empirische Argumente gewichteten »Störfaktoren« immer in den Zusammenhang *einer* klassischen These. Diese These ist so alt wie der abendländische Diskurs über Demokratie: die Hauptgefahr für demokratische Gemeinwesen sei die anarchische Überreizung des Selbstbestimmungsprinzips.[6] Samuel P. Huntington, der führende Kopf der Trilateralen Kommission, hat in seinem neueren Buch *The Promise of Disharmony* (1981) diese klassische These noch einmal – mit Blick auf die USA – variiert. Er führt aus, daß der sowohl in der Verfassung fixierte als auch in der amerikanischen Zivilreligion lebendige normativ-politische Grundkonsens zwar Freiheit, Gleichheit, Föderalismus und Rechtsstaatlichkeit fordert, daß aber die institutionellen Strukturen fortgeschrittener kapitalistischer Gesellschaften unter den gegenwärtigen weltpolitischen und weltökonomischen Randbedingungen unvermeidlich stärkere soziale Kontrollen, mehr soziale Ungleichheit, politische Zentralisierung und Rechtsunsicherheit produzieren. Fast wie ein kritischer Theoretiker des Spätkapitalismus betont Huntington, daß diese sich noch verschärfende »Glaubwürdigkeitslücke« (»credibility gap«) zum innenpolitischen Zentralproblem westlicher Gesellschaften geworden sei. Doch diese erstaunliche These wird sogleich ins Konservative gewendet, wenn er – getreu der totalitarismustheoretischen Tradition – hervorhebt, daß die Identität von Norm und Institution, deren Differenz für den kritischen Theoretiker gerade die Kritikfolie abgibt, ohnehin nur in einem totalitären Rahmen möglich sei. Die »demokratische« Stabilität einer modernen Gesellschaft bemißt sich für Huntington daran, in welchem Maße es politisch gelingt, mit der sich verschärfenden Differenz von Norm und institutioneller Realität zu leben.[7] Er verteidigt also die geringe Lernbereitschaft von Institutionen als a priori legitim, während jeder normative Anspruch an diese als potentiell »totalitär« gebrandmarkt wird.

Diese irritierende Umdeutung der »Demokratie« als der Fähigkeit, undemokratische Strukturen auszuhalten, zeigt in aller wünschenswerten Deutlichkeit, daß das Demokratieschema, das die Theoretiker der »Unregierbarkeit« ihrer Krisendiagnose zugrunde legen, nicht *das* sein kann, das in politischen Sonntagsreden, im politischen Unterricht, in den einleitenden Bemerkungen zu Verfassungskommentaren immer dann bemüht wird, wenn die moralische Überlegenheit der »westlichen« Gesellschaftsordnung gegenüber der totalitärer Systeme hervorgehoben werden soll. Dann nämlich wird gewöhnlich auf das im 18. Jahrhundert entstandene emphatische Demokratieverständnis rekurriert, in dem die Selbstentfaltung des Individuums und die Selbstbestimmung des Volkes noch in einem durchsichtigen Zusammenhang standen.

Der Autor der elitären Theorie der Demokratie, Joseph Schumpeter, nahm daran Anstoß, daß dieses klassische, auf Rousseau einerseits und John Stuart Mill andererseits zurückgehende Demokratiemodell mit den politischen Realitäten spätkapitalistischer, hochindustrialisierter, massendemokratischer Flächenstaaten kaum noch in Einklang zu bringen war.[8] Mit einem Realismus, dessen nüchtern deskriptive Haltung ebenso Schule machte wie ihr anti-normativer Zynismus, reduzierte er das »self-government« des Volkes auf ein institutionelles Arrangement zur Regelung des Wettkampfes politischer Eliten um Wählerstimmen. In seinem Konzept schmilzt die »Souveränität des Volkes« zu einer indirekten Veto-Macht und die des demokratischen Aktivbürgers zu einem weitgehend passiven Konsumenten von Elitebeschlüssen. In der klassischen Tradition, besonders in der ihr von Rousseau gegebenen identitären Gestalt sollte Demokratie nicht nur eine institutionelle *Staats*form sein, sondern eine kulturelle Lebensform. Orientiert an der antiken Idee des guten Lebens dachte diese Tradition die funktionalen Aspekte der gesellschaftlichen Reproduktion und die Aspekte ihrer moralisch-praktischen Selbstbestimmung noch zusammen. Mittel und Zwecke, Formen und Inhalte kollektiver Selbstorganisation waren in diesem Modell ungeschieden. In seinem bahnbrechenden Text durchschneidet Schumpeter zunächst diesen Zusammenhang von prozeduralen und materialen Elementen und reduziert »Demokratie« auf eine »Methode« der Autorisierung öffentlicher Entscheidungen. Die klassische Definition lautet: »die demokratische Methode ist diejenige Ordnung der Institutionen zur Erreichung politischer Entscheidungen, bei welcher einzelne die Entscheidungsbefugnis vermittels eines Konkurrenzkampfs um die Stimmen des Volkes erwerben« (1950, 428).

In die Entfaltung seines restriktiven Demokratiemodells sind drei systematische Überlegungen eingegangen, die als solche im neueren politischen Denken Schule gemacht haben. Erst die Einheit dieser drei Momente bildet die Tiefenstruktur des neukonservativen Redens über »Demokratie« und »Unregierbarkeit«:

1. Unter den modernen Bedingungen funktional differenzierter und wertpluralistischer Gesellschaften gibt es keine einheitliche öffentliche Willensbildung, die als unproblematische Basis öffentli-

cher Entscheidungen dienen könnte. Funktionale Komplexität und kulturelle Vielfalt moderner Gesellschaften machen es nötig, einen Großteil der politischen Entscheidungsmaterien der demokratischen Disposition zu entziehen. Darum bildet das Ensemble konstitutioneller Garantien wie die Repräsentativverfassung, die Gewaltenteilung, der Minderheitenschutz und die rechtliche Selbstbeschränkung der Politik die unverzichtbare Funktionsbedingung einer demokratischen Ordnung. In Gegensatz zu manchen frühbürgerlichen politischen Denkern, die die Gefahren für die Demokratie primär von despotischen und korrupten Monarchen erwarteten, gründet die rechtsstaatliche Selbstbeschränkung der Demokratie auf einem quasi aristokratischen Mißtrauen gegenüber den unterstellten »tyrannischen Neigungen« und »irrationalen Impulsen« der Massen und einem tiefen Vertrauen in den unkorrumpierbaren Charakter der politischen Eliten.

2. Gemäß ihrem eigenen Anspruch nach *realistisch* war Schumpeters Theorie vor allem deshalb, weil sie den politischen Eliten endlich den Stellenwert beimaß, den sie in der Realität massendemokratischer Systeme faktisch einnahmen. Es ist diese Dominanz der Eliten über die politischen Willensbildungs- und Entscheidungsprozesse in den modernen Demokratien, die Schumpeter zu dem Vorschlag veranlaßte, den Begriff der »Regierung durch das Volk« durch »die vom Volk gebilligte Regierung« (1950, 390) zu ersetzen. »Demokratie« bedeutet nach diesem elitären Verständnis »lediglich, daß das Volk die Möglichkeit hat, die Männer, die es beherrschen sollen, zu akzeptieren oder abzulehnen« (1950, 452). Zwar sind diese z. T. selbsternannten oder kooptierten Eliten dem politischen Publikum in periodischen Wahlen rechenschaftspflichtig. Gleichwohl begründet die Form dieser Rechenschaftspflicht kein Verhältnis einer eindeutig geklärten rezeptiven Repräsentation. Der »Volkswille« oder die »Volkswillen« sind für Schumpeter keine unabhängigen, in ihrem Eigengewicht zu respektierenden Entitäten. Deren »Formung« (Schumpeter) ist vielmehr selbst wesentlicher Bestandteil der öffentlichen Funktion der politischen Eliten. Peter Bachrach hat deutlich gemacht, wie sehr gerade diese Denkfigur von der explizit antidemokratischen Elitentheorie Moscas beeinflußt ist.[9] Mosca vertrat bekanntlich das Modell einer »offenen Elitenherrschaft«. Darin hängt die Stabilität eines autoritären Regiments von Eliten eben von deren Geschicklichkeit ab, mit der sie die Unzufriedenheit der Massen ohne Gefährdung des

Herrschaftsapparates kanalisieren und konkurrierende Eliten kooptieren können. Von dieser ausdrücklich anti-demokratischen Theorie Moscas will sich Schumpeter – und dies ist der abschließende Baustein – durch eine dem *Marktsystem* angeglichene Repräsentationsvorstellung unterscheiden.

3. In der an Schumpeter anknüpfenden ökonomischen Theorie der Demokratie ist diese – bei ihm nur angedeutete Vorstellung – ausgearbeitet worden.[10] In diesem ökonomischen Metaphernbild der Demokratie steht der Politiker dem Wähler wie ein Unternehmer seinen Konsumenten gegenüber. Wie der Unternehmer Tauschwerte nur über den Umweg von Gebrauchswerten realisieren kann, muß der Politiker, wenn er gewählt werden will, die Präferenzen und Interessen der Wähler auch dann respektieren, wenn ihn egozentrische Motive des Karriereehrgeizes oder Machthungers antreiben. Die »Souveränität des Volkes« wird zur Souveränität des Konsumenten, seine »Freiheit« zu einer ökonomischen Wahlfreiheit, die sich darin erschöpft, politische Güter – z.B. Gesetze – bei der konkurrierenden Partei zu kaufen. – Historische Voraussetzung dieser Anwendung des Marktmodells auf politische Systeme waren die Einführung des allgemeinen Wahlrechts, die Existenz parteimäßig organisierter politischer Eliten und schließlich die von Interessengruppen, die die zahlreichen Individualinteressen bündeln und gegenüber der Regierung in effektive Nachfrage verwandeln können. In Anlehnung an die Theorie ökonomischer Rationalität wird angenommen, daß Politiker wie Wähler nur danach trachten, ihren individuellen Nutzen zu maximieren. Die politischen Freiheitsrechte, besonders die der Meinungs-, Rede- und Versammlungsfreiheit, sind in diesem Modell die funktionalen Voraussetzungen für einen unverzerrten Wettbewerb der Eliten oder des marktanalogen Abgleichs von »politischen« Absatz- und Konsumenteninteressen. Die politisch-moralischen Demokratieforderungen der westlichen Verfassungen könnten dann als erfüllt gelten, wenn der legislative »output« der Regierung den »input« der Konsumentennachfrage widerspiegelt. Eine funktionierende Demokratie entspräche somit einem funktionierenden Marktgleichgewicht.

Die Affinität dieser ökonomischen Theorie der Demokratie zur neoliberalen Ideologie eines Hayek oder Friedman ist so ausgeprägt, daß die Grenze zwischen einem lediglich analogisierenden Theoriemodell und einer ökonomistischen Reduktion von Politik kaum zu erkennen ist. Die Alt- und Neoliberalen hatten immer dazu geneigt, die Demokratie mit dem Kapitalismus zu identifizieren, indem sie zwischen ökonomischen und politischen Freiheitsrechten keinen Unterschied machten. Ähnlich einem Vulgär-Marxismus, für den Demokratie nur ein marktbezogenes Arrangement politischer Institutionen zur Durchsetzung von Kapitalinteressen war, betrachten die Neoliberalen Politik als »Überbau« einer letztlich auf die universalisierte Figur des Unternehmers bezogenen Dispositionsfreiheit. Die theoretische Angleichung des politischen Systems an den Markt ist schon rein sachlich so fragwürdig, daß es schwerfällt, sie nicht von vorneherein der Ideologie des vulgären Liberalismus zuzuschlagen[11]: So rechtfertigt es die Existenz eines Zwei- oder Dreiparteiensystems in keiner Weise – wie Schumpeter selbst andeutet (1950, 430) –, von einer vollkommenen Konkurrenz zu reden. Der »politische« Markt ist noch oligopolistischer organisiert als der spätkapitalistische *ökonomische*. Wenn selbst schon Ökonomen anregen (so z.B. Charles Lindblom), die gegenwärtigen Marktformen in Terms politischer Machtsoziologie zu analysieren, wird es vollends fragwürdig, traditionelle Marktbilder auf gegenwärtige politische Systeme zu übertragen.

Die modellhafte Einebnung des Wahlpublikums in ein homogenes Meer von »Konsumenten« politischer Fremdentscheidungen blendet darüber hinaus die vielfältigen Formen soziokultureller Verschiedenheit und sozioökonomischer Ungleichheit aus, die auf politisches Verhalten einen unstrittigen Einfluß ausüben. Die Interpolationstechniken in Wahlprognosen und Hochrechnungen beruhen auf Annahmen über die entscheidungsdeterminierende Kraft eben dieser Unterschiede und Ungleichheiten.

Schließlich opfert die Angleichung des politischen Willensbildungsprozesses an Konsumentenverhalten die normative Substanz des antitotalitären Legitimitätsverständnisses. Wenn das Maß der Manipulierbarkeit des Käuferverhaltens tatsächlich an politische Meinungsbildung angelegt wird, verschwindet der »input«-Faktor als unabhängiges Datum. Wenn in Schumpeters Modell aber die Interessen und Bedürfnisse der politischen Aktivbürger nicht mehr als unabhängige Variablen begriffen werden können, gibt es keinen Grund, ein von ihm adäquat beschriebenes politisches System noch »demokratisch« zu nennen und es von einem System des offenen Elitenkreislaufs zu unterscheiden.

Am Ende seines Buches, das eine ganze Generation liberaler

Sozialwissenschaftler beeinflußt hat, diskutiert Schumpeter noch einmal die »Bedingungen für den Erfolg der demokratischen Methode« (1950, 460). Eine dieser Bedingungen ist die Existenz einer homogenen sozialen Schicht, aus der sich Politiker vornehmlich rekrutieren sollen. Schumpeter bezeichnet also – mit Blick auf die Elitenrekrutierung – die politische Ungleichheit der Gesellschaft als stabilisierendes Moment der liberalen Demokratie. Als weitere Erfolgsbedingung nennt er eine Einschränkung der politischen Sphäre: So soll nur die Bestellung der Regierung dem Demokratieprinzip unterworfen sein. Und auch die weitreichende politische Apathie der Massen und die kulturpolitische Pflege des jeweils vorgegebenen metapolitischen Konsenses innerhalb der Wählerschaft müssen gewährleistet sein.

Auf den wenigen Seiten, auf denen Schumpeter »die Bedingungen für den Erfolg der demokratischen Methode« entwickelte, hat er alle Argumente der späteren neokonservativen »Unregierbarkeits«-Literatur vorweggenommen. Denn was in neokonservativer Wahrnehmung als »Unregierbarkeit« erscheint, ist in der Tat das Schwinden jener Schumpeterschen »Erfolgsbedingungen«: die Aufwertung des normativen Prinzips sozialer Gleichheit in den Bürgerrechtsbewegungen der Schwarzen und Frauen; die in den späten sechziger und siebziger Jahren zu beobachtende Expansion des Politischen, in deren Folge Selbstbestimmungsforderungen auf den Bereich der Ökonomie, der Hochschulen, der politischen Verwaltung, ja selbst der Kultur ausgedehnt werden; die in der Gesamtbevölkerung deutlich gestiegene politische Protestbereitschaft und – schließlich – die beschleunigte Auflösung religiös und traditional bestimmter Zustimmungsbereitschaften. Alle diese Entwicklungen haben dem elitären Modell der Demokratie zumindest einen Teil jenes Vorzugs genommen, den seine Vertreter ursprünglich als den entscheidenden ansahen – den Vorzug des *Realismus*. Die Theorie Schumpeters und seiner liberal-konservativen Erben war – und wollte es auch sein – eine Theorie der real existierenden Demokratie. Der Realismus war ihre wahre Stärke gegenüber den radikalliberalen und sozialistischen Kritikern, die von den moralischen Imperativen des frühbürgerlichen Demokratieverständnisses nicht lassen wollten. Nun aber, da zumindest ein Teil der Bürger in den siebziger Jahren jenem Bild von akzeptierter politischer Ungleichheit, politischer Apathie und traditionaler Gehorsamsbereitschaft nicht mehr entsprechen wollte, vollzieht sich zwangsläufig ein Wandel im Selbstverständnis des elitären Demokratieschemas. Meine These ist, daß sich in der neokonservativen »Unregierbarkeits«-Literatur das elitäre Demokratiemodell von einem *realistischen* zu einem *normativen* gewandelt hat – oder dessen latente Normativität manifest geworden ist.[12] Was in den fünfziger Jahren noch ein nüchtern-deskriptives Modell gewesen sein mag, wird in den siebziger und achtziger Jahren tendenziell zur Grundlage autoritärer politischer Programme. Die Angleichung von Modell und sozialer Realität, die ursprünglich der suggestive Vorzug der elitären Theorie war, soll jetzt praktisch-*politisch* hergestellt werden: Was den Diagnostikern der »Unregierbarkeit« als Therapie vorschwebt, wäre nichts anderes als die Restauration der Schumpeterschen »Bedingung für den Erfolg der demokratischen Methode«.

Ich will nun der Frage nachgehen, ob jene empirischen Phänomene, die die neuen Konservativen zum Anlaß ihrer Krisendiagnose nahmen, sich im Lichte eines anderen Verständnisses von Demokratie nicht auch anders deuten lassen. Vielleicht sind ja in einem anti-elitären, eben partizipatorischen Verständnis von Demokratie jene in den siebziger Jahren verstärkten Mitbestimmungsforderungen, jene Aufwertungen der Prinzipien sozialer Gleichheit und politischer Teilhabe Zeichen eines gereiften demokratischen Bewußtseins – eines Bewußtseins freilich, das in dieser Form von Schumpeter und seinen Erben nicht vorgesehen war. Wer die Frage so stellt, setzt freilich voraus, daß es zum ausdifferenzierten Konzept der elitären Demokratie eine ausgearbeitete partizipatorische Alternative gäbe. Es existiert zwar eine kaum noch überschaubare Literaur zur »Demokratisierung«, d.h. partizipatorischen Umgestaltung einzelner gesellschaftlicher Bereiche.[13] Aber ein verbindliches innerwissenschaftlich anerkanntes, historisch unstrittig bewährtes und auf moderne Gesellschaftsbedingungen bezogenes Paradigma partizipatorischer Demokratie, das sich dem elitären Modell in allen Punkten entgegensetzen ließe, ist nicht vorhanden.

Theorie*geschichtliche* Wurzeln eines solchen Paradigmas sind zwar auszumachen, aber ihr innerer Zusammenhang ist noch undeutlich. Ulrich Rödel hat sich das ehrgeizige Projekt vorgenommen, anhand von Platons und Aristoteles' Konzept der Versammlungsdemokratie, anhand der politischen Theorien der häretischen Sekten des ausgehenden Mittelalters, der politischen Diskussionen der puritanischen Sekten in den amerikanischen Kolonien und anhand der anarchistischen, populistischen und syndikalistischen Demokratievorstellungen des 19. Jahrhunderts zu prüfen, ob es eine verschüttete Traditionslinie der Demokratietheorie gibt, die sich der elitistischen an die Seite stellen ließe.[14] Ich nehme an, daß die Idee einer rein normativen Integration der Gesellschaft alle diese verstreuten Ansätze eint. Diese hat ihren Ursprung in dem aristotelischen Gedanken, demzufolge sich das Individuum erst durch den aktiven Nachvollzug der in die Polis eingelassenen Sittlichkeit zu einem mündigen Bürger bildet und zugleich die vernunftgeleitete Identifikation des Bürgers mit den Institutionen der Polis die organisatorische Bedingung ihres Funktionierens ist. Es ist indes fragwürdig, ob diese theoriegeschichtlichen Stützen ein modernes Modell partizipatorischer Demokratie würden tragen können. Denn sie sind entstanden *vor* der vollständigen Herausbildung moderner funktional differenzierter Gesellschaften und *vor* der politisch-historischen Anerkennung universalistischer Prinzipien politischer Gleichheit und sittlicher Autonomie des einzelnen. Einzig sie bilden die Garantie dafür, daß Konzepte einer normativen Integration der Gesellschaft nicht abgleiten in totalitäre Systeme.

Der *real*historische Bezug einer partizipatorischen Konzeption der Demokratie liegt vor in der attischen Polis, der schweizerischen Landgemeinde, den »town-meetings« der Neu-England-Staaten und in den basisdemokratischen Entscheidungsprozeduren der frühen amerikanischen populistischen Bewegungen.[15] Diese Tradition direkter Demokratie könnte erst in ihrer partizipatorischen Form die genuine Realisierung des republikanischen Ideals der Volkssouveränität sehen. Diese »populistisch« oder »basisdemokratisch« verstandene Volkssouveränität wäre orientiert an der antiken Idee des guten Lebens. In ihr waren die funktionalen Notwendigkeiten der gesellschaftlichen Reproduktion und die kulturellen Prinzipien der Weltorientierung noch eng aufeinander bezogen. Eine nach diesen realhistorischen Beispielen gebildete Politikpraxis wäre also nicht getrennt von der kulturellen Lebenswelt der politischen Subjekte. Politik wäre das Geschäft aller Bürger und nicht das exklusive Privileg selbsternannter Eliten. Alle politischen Routinen der Gesetzgebung, der Gesetzesausführung und der Rechtsprechung würden vollzogen von einfachen Bürgern, die jederzeit aus ihren jeweiligen Funktionen abberufbar wären. Demokratie ist nicht nur ein Mechanismus der Herstellung gesellschaftlicher Autorität unter möglichen anderen, sondern eine politisch-kulturelle Lebensform.

Das utopische Ideal der unmittelbaren Volksherrschaft hat sich als normatives Spurenelement in zahlreichen modernen Verfassungen – besonders auf der föderalen und kommunalen Ebene – behauptet.[16] Elemente einer partizipatorischen Konzeption der Demokratie lassen sich nicht nur aus der Urgeschichte der attischen Demokratie, der frühen Neu-England-Staaten und des Populismus rekonstruieren, sondern auch aus jenen institutionalisierten Entscheidungsverfahren, die in die Verfassung mancher moderner Staaten, besonders der Schweiz und einiger nordamerikanischer Gliedstaaten, eingegangen sind. Es sind dies:

1. die Bürgerversammlung als legislative Körperschaft;
2. das faktische und/oder fakultative Referendum;
3. die Abberufbarkeit der Mandatsträger und das rotierende Mandat;
4. das imperative Mandat;
5. das »propositionale« Wahlrecht (Möglichkeit, unmittelbar über Politikprogramme beim Wahlakt abzustimmen).

Zur gegenwärtigen Realität moderner Massendemokratien verhalten sich die – zunächst nur in historischer Erinnerung greifbaren – Modelle partizipatorischer Demokratie anachronistisch und *zugleich* eigentümlich modern. *Anachronistisch* deshalb, weil die hochkomplexe politische Struktur moderner Flächenstaaten und deren extreme funktionale Differenzierung es unmöglich machen, daß der Bürger sich erst in der praktischen Entäußerung an die politische Gesamtverfassung zu einem mündigen Subjekt bildet. Eigentümlich *modern* deshalb, weil das universalisierte Ideal individueller Selbstentfaltung eines jeden und einer jeden erst unter den gegenwärtigen wohlfahrtsstaatlichen Bedingungen zu einer nicht nur formal garantierten, sondern weithin lebensweltlich akzeptierten und praktizierten kulturellen Selbstverständlichkeit geworden ist.

Wir können deshalb als Zwischenbilanz festhalten, daß jene Verhaltensweisen und Einstellungen, die die elitistischen Theoretiker für die politische Kultur moderner Demokratien als gegeben unterstellten, nicht mehr so selbstverständlich der Realität entsprechen, wie das in den fünfziger und sechziger Jahren wohl der Fall war. Und wir können feststellen, daß das elitäre Demokratieschema sich zunehmend als theoretische Plattform für eine autoritäre Politik eignet. Gleichwohl ist der Konzeption demokratischer Elitenherrschaft nicht zu bestreiten, daß sie die Komplexität der Herrschaftsbedingungen und Entscheidungsmaterien in modernen Gesellschaften angemessen in Rechnung stellt. Aber es ist auch konstatierbar, daß die Vertreter der partizipatorischen Tradition auf reale Veränderungen hinweisen können und ihre Position – partiell zumindest – den Charakter des bloß moralisierenden Appells verliert. Dennoch geben die klassische, sozusagen vorkapitalistische Tradition der Demokratietheorie und die an vorindustriellen Modellen orientierte partizipatorische Politiktradition keine Richtschnur dafür ab, wie die wohlfahrtsstaatlichen Massendemokratien der Gegenwart umfassend demokratisiert werden könnten.

Schließlich ist aber auch deutlich geworden, daß die Frage, ob die Phänomene der sogenannten »Staatsverdrossenheit« eher als Symptome der »Unregierbarkeit« oder als Indizien einer gereiften politischen Kultur verstanden werden können, nicht nur gemäß der normativen Prämissen des politischen Schiedsrichters beantwortet wird, sondern als *Problem*frage überhaupt erst unter den Bedingungen und mit Blick auf die Prozeduren und Gegenstände politischer Herrschaft in den wohlfahrtsstaatlichen Massendemokratien sinnvoll gestellt werden kann.

Claus Offe hat in seinen neueren Arbeiten zur Theorie der Demokratie Evidenzen für die These gesammelt, daß sich immer mehr politische Entscheidungsgegenstände der glaubwürdigen und d.h. legitimitätsschaffenden Anwendbarkeit des Demokratieprinzips entziehen.[17] Dies ist nur ein anderer Zugang zu jenem Problem, auf das Huntington anspielte, als er die These von der sich verschärfenden »Glaubwürdigkeitslücke« moderner Demokratien aufstellte. Wir nennen im folgenden nur einige der von Offe detailliert beschriebenen Geltungsbedingungen der Mehrheitsregel. Es ist die Erosion dieser Geltungsbedingungen, welche – so kann man Offe lesen und Huntington variieren – den Spannungsbogen von normativen Erwartungen und institutionellen Realitäten in gegenwärtigen demokratischen Systemen aufbaut.

1. Die Entwicklung des Wohlfahrts- und Interventionsstaates und die Wirkungen neokorporativer Arrangements lassen die klassische liberale Grenzziehung zwischen einer (demokratisch kontrollierten) staatlichen und einer »privat« verantworteten gesellschaft-

lichen Sphäre zunehmend problematisch erscheinen. Immer mehr gesellschaftliche Lebensbereiche geraten mit zunehmender Intensität unter staatlich-administrative Dispositionsbefugnisse. Die Konsumenten staatlicher Dienstleistungen und insbesondere die Klienten des Wohlfahrtsstaates erfahren ihre »privaten« Lebensvollzüge als determiniert durch öffentlich-politische Randbedingungen. Der Bereich staatlichen Zugriffs auf die private Sphäre wächst objektiv an, ohne daß diese Entdifferenzierung von staatlicher und gesellschaftlicher Sphäre durch einen Zuwachs an demokratischen Teilhabe- und Kontrollchancen aufgewogen würde.

2. Die demokratische Mehrheitsregel hat Geltung nur im national-staatlichen Rahmen politischer Herrschaft. Allein in dem unwahrscheinlichen Fall einer souverän gewählten politischen Isolation und vollständiger wirtschaftlicher Autarkie wären Subjekt und Objekt demokratisch organisierter Herrschaft kongruent. Ganz im Gegensatz zu diesem unwahrscheinlichen Fall müssen wir aber feststellen, daß aufgrund der ökonomischen, bündnispolitischen und überstaatlichen Integration Entscheidungen innerhalb eines Nationalstaates einen größeren Personenkreis betreffen als nur den seiner Bürger. So affiziert etwa die Politik der nordamerikanischen Notenbank fast den gesamten Weltmarkt. Also auch als Resultat überstaatlich-politischer und weltökonomischer Integration gibt es eine wachsende Entscheidungsmasse, die sich der Möglichkeit einer demokratischen Kontrolle entzieht.

3. Die Komplexität, der Umfang und vor allem die irreversiblen Folgen moderner Infrastrukturentscheidungen schränken die Geltung der Mehrheitsregel ebenfalls ein. Kraftwerke, Straßen und Eisenbahnen wurden zwar schon in den Gründerjahren der Industriegesellschaften gebaut. Jedoch erst die Implikationen der Atomenergie, die große Bevölkerungsteile betreffenden Folgen der Standortwahl großtechnischer Anlagen, die langfristigen Wirkungen rüstungspolitischer Entscheidungen und die verheerenden Schäden in der Folge des Zusammenbruchs ökologischer Kreisläufe – erst diese Phänomene haben auf eine Voraussetzung aufmerksam gemacht, die in die Geltungsbedingungen des Demokratieprinzips immer stillschweigend eingebaut war: die offensichtlich illusionäre Voraussetzung, daß jedes demokratisch verfaßte Gemeinwesen am Beginn der Legislaturperiode wie an einem Nullpunkt einsetzen kann. Auch in früheren Epochen war zwar der innenpolitische Gestaltungsraum jeweils begrenzt durch die

Hypotheken vergangener Infrastrukturentscheidungen. Aber erst unter den superindustriellen und großtechnischen Bedingungen der Gegenwart verliert jener bekannte Spruch seine Trivialität, der da sagt, daß jede gegenwärtige Gesellschaft ihre strukturellen Lebensbedingungen nur von den zukünftigen Generationen geborgt hat. Auch in der zeitlichen Dimension schmilzt also der Bereich, über den noch effektiv demokratisch verfügt werden kann, zusammen.

Die spätkapitalistische Entdifferenzierung von Staat und Gesellschaft, die über die Grenzen des Nationalstaates hinausreichenden Folgen politischer Entscheidungen und die Irreversibilität moderner Infrastrukturmaßnahmen bilden nur die eindringlichsten Belege für Offes These der schwindenden Geltungsbedingungen der demokratischen Mehrheitsregel. Sie belegen zugleich Huntingtons These von der wachsenden »Glaubwürdigkeitslücke«, von der zunehmenden Spannung zwischen legitimitätsschaffenden demokratischen Normen und institutionellen Realitäten moderner Massendemokratie.

Es liegt nahe, die Protestphänomene, welche die elitären Theoretiker zur »Unregierbarkeits«-These veranlaßten, als *Reaktionen* auf die beschriebenen Beschränkungen des Feldes demokratischer Willensbildung zu interpretieren. Mit den Ergebnissen der sozialpsychologischen Wertwandelforschung ließe sich weiterhin argumentieren, daß – unabhängig von diesen strukturellen Veränderungen politischer Herrschaft – die spezifischen Sozialisationsbedingungen in der Nachkriegszeit eben jenen Teil des bürgerlichen Wertrepertoires radikalisiert haben, auf dem die klassische frühbürgerliche Idee der Demokratie basierte, nämlich die der bürgerrechtlichen Gleichheit, der politischen Teilhabe und der individuellen Selbstentfaltung.[18] Wenn diese zweite Annahme zutrifft, müßte Huntingtons These pointiert werden. Einer, zumindest bei relevanten Bevölkerungsteilen (Jugend, kulturelle Intelligenz, Beschäftigte im Dienstleistungssektor) ästhetisch, moralisch und politisch geschärften demokratischen Sensibilität steht eine sukzessive Schrumpfung der Bereiche gegenüber, in denen die Prinzipien politischer Selbstbestimmung noch glaubwürdig Geltung beanspruchen können. Somit läßt sich die Prognose wagen, daß die Entwicklung der spätkapitalistischen Massendemokratien auf einen Punkt zuläuft, an dem entweder auf die legitimitätsschaffende Wirkung politischer Teilhabeformen gänzlich verzichtet wird oder aber die normativen Prinzipien politischer Selbstbestimmung selbst zur Rationalitätsgrundlage der Reorganisation politischer Herrschaft werden.

Jener angenommene Entscheidungspunkt steht für die historische Alternative zwischen dem autoritären Programm einer technokratischen Elitenherrschaft einerseits *und* einer – um partizipatorische Momente – erweiterten und in ihren Verfassungsverbürgungen ernstgenommenen parlamentarischen Demokratie andererseits.

Würde sich die erste Alternative in einer so reinen Form durchsetzen können, wie sie von manchen neokonservativen Administrationen anvisiert wird, bedeutete dies das Ende des in liberalen Demokratien bereits institutionalisierten Niveaus politischer Selbstbestimmung. In einer solchen autoritären postliberalen Ordnung würde politische Herrschaft nicht mehr durch die legitimierende Berufung auf zustimmungsfähige Verfassungsprinzipien durchgesetzt. In einer solchen autoritär gewordenen Ordnung wäre das rechtsphilosophische Zentralproblem moderner Massendemokratien – das Problem, daß die Positivierung von Recht und dessen normative Legitimation kaum noch im Horizont aufeinander beziehbarer Argumente liegen – mittels zweier Strategien »beseitigt« worden. Erstens durch die Forcierung einer *positivistischen* Legitimationsstrategie, derzufolge bereits das bloße formale Funktionieren administrativer Handlungsvollzüge politisch rechtfertigt. Und zweitens durch den massenmedial erzeugten charismatischen Charakter der politischen Eliten – Massenloyalität als sozialtechnologisches Artefakt. Beide Strategien, konsequent durchgeführt, bedeuten das Ende eines in der politischen Öffentlichkeit lebendigen Legitimitätsbewußtseins, vor dem sich das Handeln der Eliten zu verantworten hat. Von »Demokratie« kann nur noch in einem zynischen Sinne die Rede sein, wenn ein autoritärer Legalismus und eine künstlich erzeugte Massenloyalität an die Stelle eines politisch-kulturellen Legitimitätsbewußtseins treten. – *Autoritär* wäre eine neokonservativ erneuerte Gesellschaft nicht nur in ihrer politischen Organisation: unter der Hülle erneuerter meritokratischer und soziobiologischer Ideologien würden die existierenden Formen sozialer Ungleichheit ausgebaut und befestigt. *Politisch* abweichende Bürger wären nicht Debattengegner auf der Bühne politischer Öffentlichkeit, sondern Objekte einer datentechnisch perfektionierten Überwachung und Repression. *Sozial* deviante Bevölkerungsteile würden zu Objekten entmündigender sozialer

Kontrolle und »sozialpolizeylich« verhängter Arbeitspflicht. Eine politisch in Regie genommene Kultur würde einerseits zur Unterhaltung degradiert, andererseits zum Medium ideologischer Integration. Dazu gibt es nur die Alternative der partizipatorischen Reform der Demokratie. Sowohl konservative Staatsrechtler, die offenbar immer noch an den rein repräsentativen Formen altliberaler Honoratiorendemokratie orientiert sind, als auch manche Sprecher der Alternativbewegung, die die Kritik am Parlamentarismus fundamentalistisch überziehen, neigen dazu, das Repräsentativsystem und die »Basisdemokratie« als zwei sich wechselseitig ausschließende Modelle politischer Beteiligungen zu betrachten.[19] Gemessen an diesem – auch tagespolitisch verbreiteten – Modellplatonismus und dem ihm eigentümlichen selektiven wie totalisierenden Blick, bietet die Realgeschichte der politischen und verfassungsrechtlichen Institutionen ein verwirrendes Bild. Diese – und die Spruchpraxis der obersten Gerichte – spiegelt zwar auf jeder Stufe der historischen Entwicklung den Einfluß der (im Marxschen Sinne) herrschenden Bewußtseinsformen. Aus dieser Perspektive auf die Verfassungsgeschichte als Herrschaftsgeschichte ergibt sich rasch das sinnfällige Symptom, daß die Elemente einer direkten Demokratie seit dem Beginn bürgerlicher Gesellschaften sukzessiv verdrängt worden sind. Aber – Verfassungsgeschichte ist *auch* ein in der Formalität des Rechts verborgenes Sediment einer normativen Lerngeschichte. Von den frühbürgerlichen Republiken bis zu den wohlfahrtsstaatlichen Massendemokratien der Gegenwart läßt sich in der Abfolge der zentralen politischen Themen und Begründungsmuster eine zwar vielfach gebrochene, aber nie aufgehobene Logik identifizieren, die von der Herausbildung staatlicher Souveränität über die Garantie der Sicherheit der Person, des Eigentums und des Vertrags in die Nähe materialer Gerechtigkeitsvorstellungen und Prinzipien gleicher politischer Beteiligung als den führenden Akzeptanzbedingungen politischer Ordnung geführt hat.[20] Wer mit diesem Blick politische Institutionengeschichte als die komplizierte und sich wandelnde Resultante von politischer Macht, juristisch-institutioneller Eigenlogik und normativer Entwicklungsstruktur liest, kann in der gegenwärtigen Praxis und institutionellen Ausgestaltung des parlamentarischen Systems und seiner föderalen und kommunalen Körperschaften nicht der Weisheit letzten Schluß sehen. Daß sie dies nicht sein können, beweisen eben jene Phänomene der Überlastung und

Selbstblockierung des parlamentarischen Systems, von dem unsere Überlegungen ihren Ausgang nahmen. Wir schlagen deshalb vor, daß die unter dem elitären Etikett der »Unregierbarkeit« diagnostizierten Phänomene nicht zum Anlaß mäßigender Appelle, restriktiver Maßnahmen und politischer Repression genommen werden, sondern als Zeichen eines gewachsenen demokratischen Bewußtseins, das in der existierenden politischen Struktur keine ihm gemäßen Ausdrucks- und Einflußchancen findet.

Wenige der im folgenden vorgeschlagenen Maßnahmen und Formen sind historisch neu. Manche sind schon von frühbürgerlichen Theoretikern empfohlen worden. Freilich haben sie in der politisch-ökonomischen Selbstentfaltung der bürgerlichen Gesellschaft einen so verkürzten Ausdruck gefunden, daß sie sich ihren Institutionen gegenüber rasch als normativer »Überbau« verselbständigten. Vielleicht sind wir Zeitgenossen des ausgehenden 20. Jahrhunderts aber mit einer Situation konfrontiert, in der einzig die Integration dieses »Überbaus« in ein sich selbst blockierendes politisches System den Ausweg aus dessen Krise weist.

An erster Stelle stünde die Stärkung politischer Öffentlichkeit durch verstärkte (nicht parteimäßig fixierte) politische Bildung, durch Sicherung der Wissenschafts- und Kulturfreiheit sowie durch Medien, die der unmittelbaren politischen Kontrolle durch politische Parteien und Kapitalgruppen entzogen bleiben. Wichtig wären Innovationen für die Stärkung der determinativen Kraft der Wählerentscheidung: etwa die freiwillige Bindung des Abgeordneten an Wählerentscheidungen, die Einführung von Eventualstimmen, Möglichkeiten proportionaler Einflußchancen des Wählers auf Politikprogramme, die Stärkung innerparteilicher Demokratie etc. Diese Ausdehnung des Einflusses des Bürgers auf den Herrschaftsapparat müßte ergänzt werden durch Bürgerkontrollen der Verwaltung, durch die Erweiterung sozialstaatlicher Teilhaberechte, durch Bürgerversammlungen und Referenda auf kommunaler und föderaler Ebene. Zu den formalen Repräsentationskriterien des parlamentarischen Systems verhalten sich die partizipatorischen Elemente als materiale Ergänzung. Eine so verstärkte Legitimität der Demokratie hätte ihre Basis also nicht in einem unspezifischen »Volkswillen« oder einer formal nicht spezifizierten »Basis«.[21] Ihr Fundament hätte sie in dem universalistischen Wertbestand der politischen Aufklärung.

Diese hier nur exemplarisch genannten institutionellen Formen, die eine Demokratisierung staatlicher Herrschaft ermöglichen könnten, dürfen nicht im Sinne einer Sozialtechnologie mißverstanden werden. Eine solche partizipatorische Sozialtechnologie, die lediglich für veränderte Einstellungen, Motive und Erwartungen einen neuen organisatorischen Rahmen sucht, wäre vor dem Verdacht nicht gefeit, daß das politische System seine Krisensensibilität in sein Umfeld vorverlegt und somit seine (weiche) soziale Kontrollmacht steigert.

Gegenüber dieser systemtheoretischen Programmierung von Partizipation hätte die von uns vorgeschlagene Radikalisierung von Selbstbestimmungschancen in Rechnung zu stellen, daß die hier diskutierten Ursachen der Krise der liberalen Demokratie eben das Verhältnis von politischen Willensbildungsprozessen und den Institutionen politischer Machtausübung selbst verändert hat. Die geschilderten Protestphänomene, die Dramatisierung der Prinzipien von Selbstbestimmung und Partizipation, die durch den Wohlfahrtsstaat gesteigerten materiellen und normativen Ansprüche haben nämlich die herkömmliche (liberale) Grenzziehung zwischen der Sphäre des privat-Unpolitischen und des öffentlich-Politischen zunehmend verwischt. Zumindest haben sie die Geltungsbedingungen eines institutionalistisch-etatistischen Bildes von Politik untergraben. Nach dem in der bürgerlichen Tradition des Verhältnisses von Staat und Gesellschaft ausgebildeten, vom institutionalisierten Marxismus – mit (auf die Partei) verschobenen Prämissen – übernommenen Politikverständnis sind kollektive Motivbildungs- und Willensbildungsprozesse erst dann politisch, wenn sie einen institutionell-organisatorischen, an den Staat gerichteten Ausdruck gefunden haben.

Dagegen hat sich in den beschriebenen neuen sozialen Kämpfen eine Politik-Form durchgesetzt, die nicht mehr ausschließlich durch einen von hochorganisierten Interessen geleiteten Kampf um Anteile am Sozialprodukt und Zugangschancen zum politischen System gekennzeichnet ist. Es ist eine Wahrnehmung von Politik, die prinzipiell in allen staatlichen und außerstaatlichen Bereichen mit einer nicht stillzustellenden Dialektik von systemischem Zwang und der Aneignung selbstbestimmter Räume rechnet. Die theoretisch noch nicht aufgehellte Rationalität einer solchen Politik läßt sich vielleicht mit einer paradoxen Umdeutung von Foucaults Machttheorie bezeichnen. Foucault hatte bekanntlich geltend gemacht, daß die Selbstbehauptung politischer Macht sich nicht nur über die Organe des staatlichen Gewaltmonopols vollzieht, sondern zusätzlich über die beständige Reproduktion systemstabilisierender Denkformen und Handlungsweisen. Gegen dieses totalisierende Bild einer unbegrenzten Selbstbehauptungsfähigkeit und Ultrastabilität politischer Herrschaft setzt jene neue Politik eine Perspektive, die aufmerksam geworden ist für die dramatische Zufälligkeit, Fragilität und Irritierbarkeit *moderner* politischer Herrschaft, auf die dramatisch gestiegene Abhängigkeit staatlicher Legitimität und Autorität von den »vorpolitischen« Ängsten, Motiven, normativen Ansprüchen und Glückserwartungen der Bürger. Diese Politik ist von der regulativen Idee einer staatlichen Organisation geleitet, in der diese nicht mehr ein veräußerlichter, nur akklamatorisch gebilligter, abstrakte Autorität heischender Zwangsapparat ist, sondern Ort, Medium und Bedingung der Möglichkeit einer demokratischen Selbstorganisation der Gesellschaft. Die Sicherung der politischen Kommunikationsrechte und eine lebendige politische Kultur bilden die entscheidenden Entwicklungsvoraussetzungen für diese neue Politik.

Anmerkungen

* Bei diesem Kapitel habe ich Alex Demirovic, Ulrich Rödel und Lutz Wingert für zahlreiche kritische Hinweise zu danken.

1 Vgl. M. Crozier, S. Huntington, J. Watanuki, *The Crisis of Democracy*, New York 1975; W. Hennis et al., *Regierbarkeit. Studien zu ihrer Problematisierung*, Stuttgart 1977; G. K. Kaltenbrunner (Hg.), *Der überforderte schwache Staat. Sind wir noch regierbar?*, München 1975.

2 Vor allem von Claus Offe, *Unregierbarkeit. Zur Renaissance konservativer Krisentheorien*, in: J. Habermas (Hg.), *Stichworte zur ›Geistigen Situation der Zeit‹*, Frankfurt/M. 1979; J. Heidorn, *Legitimität und Regierbarkeit*, Berlin 1982.

3 Vgl. Anmerkung 1.

4 Vgl. S. H. Barnes, M. Kaase (eds.), *Political Action. Mass Participation. Five Western Democracies*, London 1979; K. L. Baker, R. J. Dalton, K. Hildebrandt, *Germany Transformed. Political Culture and New Politics*, Cambridge 1981; H. Klages, P. Kmieciak (Hg.), *Wertwandel und gesellschaftlicher Wandel*, Frankfurt/M. 1979.

5 Vgl. *Demokratieprinzip und Regierbarkeit*, in: Hennis et al., a.a.O.,
S. 118, 133.

6 Eine besonders penetrante Fassung dieses seit Polybios bekannten Topos findet sich bei G. Sartori, *Democratic Theory*, Detroit 1962.

7 A.a.O., S. 10 ff.

8 Vgl. Joseph A. Schumpeter, *Kapitalismus, Sozialismus und Demokratie*, München 1950.

9 Vgl. *Die Theorie demokratischer Elitenherrschaft*, Frankfurt/M. 1970,
S. 30.

10 Vor allem von Anthony Downs, *An Economic Theory of Democracy*,
New York 1957.

11 Zur Kritik dieser Tradition vgl. C. B. Macpherson, *Demokratietheorie*, München 1977, S. 225–239.

12 Zur latenten Normativität des elitistischen Demokratiemodells vgl.
Carol Pateman, *Participation and Democratic Theory*, Cambridge
1970, S. 15 f.

13 Vgl. statt vieler anderer Anton Pelinka, *Dynamische Demokratietheorie*, Stuttgart 1972.

14 Ulrich Rödel, *Die Rekonstruktion nicht-staatszentrierter Demokratie-
traditionen* (unveröffentl. Ms.).

15 Sehr informativ ist der Abschnitt »Direktes politisches Handeln des
Volkes«, in: C. J. Friederich, *Der Verfassungsstaat der Neuzeit*, Berlin, Göttingen 1953, S. 636.

16 Vgl. Margaret Canovan, *Populism*, London 1981, S. 192–202.

17 Vor allem *Politische Legitimation durch Mehrheitsentscheidungen?*, in:
Journal für Sozialforschung, 22. Jg. (1982), Heft 3, S. 311–335.

18 Vgl. Ronald Inglehart, *Wertwandel in den westlichen Gesellschaften:
Politische Konsequenzen von materialistischen und postmaterialistischen Prioritäten*, in: Klages, Kmieciak, a.a.O., S. 279–316.

19 Instruktiv zur (Un-)Vereinbarkeit von Basisdemokratie und parlamen-
tarischer Demokratie ist die Beilage der Wochenzeitung *Das Parlament*
vom 15. Jan. 1983.

20 Zum Begriff des normativen Lernens in bezug auf Rechtsentwicklung
vgl. die Einleitung zu G. Frankenberg und U. Rödel, *Von der Volkssouveränität zum Minderheitenschutz*, Frankfurt/M. 1982.

21 Zur Kritik des Konzepts der »Basisdemokratie« der Grünen vgl. Ulrich Rödel, in: Wolf Schäfer (Hg.), *Neue soziale Bewegungen*, Frank-
furt/M. 1983, S. 97, 106.

Gleichheit

Sozialwissenschaftler, die versuchen, das in den gegenwärtigen Massendemokratien vorhandene Maß sozialer Ungleichheit zu bestimmen und politische Reaktionen darauf zu beschreiben, stoßen auf eigentümliche Schwierigkeiten. Die lange Phase ökonomischer Prosperität in der Nachkriegszeit hatte zwar die Ungleichheitsrelationen in fast allen westlichen Gesellschaften kaum verändert, d.h., der Abstand zwischen Armen und Reichen war – trotz aller Ideologien der »nivellierten Mittelschichtsgesellschaft« – unverändert geblieben. Aber da sich innerhalb dieser Relationen die materiellen Lebensbedingungen für alle gesellschaftlichen Schichten verbessert hatten, blieb das Problem der sozialökonomischen Ungleichheit in der Öffentlichkeit und in den Sozialwissenschaften fast unbeachtet.[1] Erst in der Folge der gegenwärtigen weltweiten Wirtschaftskrise und den bekannten neokonservativen Versuchen ihrer Bereinigung gibt es wieder – stellenweise dramatische – Anzeichen ansteigender ökonomischer Ungleichheit.[2] Gleichwohl ist die politische Wirklichkeit der spätkapitalistischen Wohlfahrtsstaaten bis jetzt weniger durch sozialökonomische Verteilungskämpfe gekennzeichnet als durch die Aktivität sozialer Bewegungen, besonders der Frauen, in denen sich bürgerrechtliches Verlangen nach politischer Gleichberechtigung unentwirrbar vermischt mit kulturkämpferischen Interessen an der gesellschaftlichen Anerkennung gruppenspezifischer Einzigartigkeit. Aber nicht nur die Realität selbst ist verwirrend, auch die sozialwissenschaftlichen Instrumente, sich ihrer zu vergewissern, d.h., die analytischen Kategorien, die theoretischen Konzepte und die empirischen Parameter sind untauglich geworden.[3] Das Konzept der »Klasse« hat zumindest in seiner dogmengeschichtlich überlieferten Gestalt seine suggestive Plausibilität verloren. So rechnet z.B. kaum ein marxistischer Soziologe noch ernsthaft mit der Einschmelzung der »Zwischenklassen« in die großen Hauptklassen der Kapitalisten und Lohnarbeiter. Aber die konkurrierende bürgerliche Schichtungssoziologie hat von den Schwierigkeiten der marxistischen Soziologie keineswegs profitieren können. Ihre Grundannahmen sind in andere, ähnlich gravierende Widersprüche und Anomalien geraten. Was die Schichtungssoziologie als den Normalfall unterstellt – daß sich die empirischen Schichtungs-dimensionen von sozialökonomischer Lage, Ausbildungsniveau, Beruf etc. zu einem »konsistenten« Status fügen –, erweist sich in der empirischen Forschung immer mehr als Ausnahme.

Ich will mich dieser verwirrenden Situation auf einem Umweg nähern, nämlich durch eine Darstellung und Kritik der Gedanken-figur, mit der im bürgerlichen Denken Phänomene der sozialen Ungleichheit erklärt und gerechtfertigt werden, nämlich der Theo-rie der Leistungsgesellschaft oder – wie man im angelsächsischen Sprachraum treffender sagt – der Theorie der *Meritokratie*.[4] Meine Kritik ist konzentriert auf die gegenwärtigen neokonservativen Versuche, an der Idee der Meritokratie auch unter den Bedingun-gen des entwickelten Wohlfahrtsstaates festzuhalten. Zunächst beschränke ich mich auf eine bewußt immanente Darstellung des normativen Kerngedankens der Meritokratie. In meiner Kritik versuche ich dann zu demonstrieren, wie die mit einer strikt *for-mal* verstandenen Chancengleichheit identifizierte Meritokratie unter den Bedingungen des Wohlfahrtsstaates in Widersprüche ge-rät. Die Neokonservativen versuchen, diese Widersprüche durch Anleihen aus der Soziobiologie und Humangenetik zu ver-wischen, was zwangsläufig zu Konsequenzen führt, die mit den aufklärerischen Prinzipien des Konzepts der Meritokratie unver-einbar sind. Schließlich möchte ich zeigen, daß die in der merito-kratischen Rechtfertigung sozialer Ungleichheit implizierte produktivistische Rationalität durch die Ausdehnung des Massen-konsums und den Abbau sozialer Sicherungen ihre eigenen Vor-aussetzungen zunehmend untergräbt. Ich werde die These vertre-ten, daß der von den Neokonservativen beklagte Niedergang der Leistungs*bereitschaft* nur eine Verschiebung der Leistungs*krite-rien* aus dem Produktionsbereich in den kulturellen Bereich der Selbstentfaltung von Individuen widerspiegelt.

Rousseau unterschied bekanntlich zwei Formen der Ungleich-heit, die »natürliche« und die »soziale«.[5] Die natürliche Ungleich-heit der Menschen oder besser: ihre natürliche Ungleich*artigkeit,* ist theoretisch kein Problem. Wir sind Mann oder Frau, schwarz oder weiß, groß oder klein. Die natürliche Ungleichartigkeit des Menschen wird bestimmt durch die askriptiven Merkmale des Geschlechts, der physischen Konstitution, der ethnischen und regionalen Herkunft. Ihr gemeinsames Kriterium ist ihre Irrever-sibilität. Weil diese Merkmale von Natur aus da sind, wäre es bestenfalls sinnlos, in der Regel aber gefährlich, sie zum leitenden Prinzip einer politischen Ordnung zu machen. Nur faschistische Regime mit biologistischen Ideologien begründen die Herrschaft sozialer Gruppen mit Naturkategorien. Aber auch die Emanzipation von gesellschaftlichen Gruppen, die wegen ihrer askriptiven Merkmale bisher unterdrückt wurden (so besonders Frauen und ethnische Minderheiten), kann nur in der Form der Erweiterung universalistischer Zugehörigkeit sinnvoll gedacht werden.

Von dieser natürlichen Ungleichartigkeit unterschied Rousseau die *soziale* Ungleichheit bzw. die soziale Ungleich*wertigkeit*.[6] Diese Art von Ungleichheit tritt auf als ungleiche Verteilung von ökonomischen Gütern, politischen Machtmitteln und kulturellen Mustern der Selbst- und Fremdachtung. Soziale Ungleichheit als Folge der ungleichen Verteilung von ökonomischen, politischen und kulturellen Gütern ist somit keine Naturtatsache. Sie wird vielmehr produziert und reproduziert in gesellschaftlichen Institutionen.

Zwischen diesen beiden markanten Formen der natürlichen Ungleichartigkeit und der sozialen Ungleichwertigkeit steht das schwierige Problem der unterschiedlichen individuellen Interessen, Fähigkeiten und Leistungsmotivationen. Konservative politische Denker neigten immer dazu, diese Art der Verschiedenheit natürlichen Ursachen zuzurechnen. Für Konservative sind Unterschiede des Talents, der Neigung und Motivation Teil der angeborenen Grundausstattung des Individuums. Fortschrittliche bürgerliche und sozialistische Denker tendierten immer dazu, diese spezifischen Unterschiede als durch die Sozialisation und Erziehung bedingt anzusehen.

Die Lehre von der Meritokratie oder der rationale Kern der Ideologie der »Leistungsgesellschaft« unterstellen die Möglichkeit einer gesellschaftlichen Ordnung, die zwischen diesen beiden Arten von Ungleichheit, der natürlichen Ungleichartigkeit einerseits und der sozialen Ungleichwertigkeit andererseits, einen gerechten Ausgleich schafft, so daß nur eine – unter Gesichtspunkten der Gerechtigkeit moralisch vertretbare – (Rest-) Form sozialer Ungleichheit bestehen bleibt. Darum ziehen sie die Formulierung »soziale Unterschiede« oder »soziale Verschiedenheit« vor. Diese Lehre von der Meritokratie ist in einer unübertrefflichen Prägnanz im 1. Artikel der französischen Erklärung der Menschen- und

Bürgerrechte von 1789 ausgedrückt worden: »Die Menschen werden frei und gleich geboren und bleiben es. Die gesellschaftlichen Unterschiede können nur auf den gemeinsamen Nutzen begründet sein.« In diesem Artikel ist vorausgesetzt, daß nur diejenigen »gesellschaftlichen Unterschiede« moralisch legitimiert werden können, welche die reale Verteilung von individuellen Neigungen, Talenten und Leistungsmotivationen in der Gesellschaft widerspiegeln – und nicht systematisch verzerrt sind durch Klassenstrukturen, d.h. durch eine privilegierte Zuteilung und Nutzung von Ressourcen. Eine Gesellschaft wäre also um so gerechter, je getreuer die sozialen Unterschiede ein Abbild der realen Verteilung von individuellen Interessen, Kompetenzen und Leistungsmotivationen darstellen. Der zweite Satz des Artikels argumentiert mit dem utilitaristischen Prinzip sozialer Nützlichkeit: die Einordnung des Individuums in die formellen und informellen gesellschaftlichen Hierarchien darf einzig aufgrund seines Beitrags zum Bestand der Gesellschaft geschehen. – Ihre morderne Ausformung hat die Idee der Meritokratie in der funktionalistischen Schichtungstheorie gefunden. Nach ihr funktionieren die Statuszuweisungen und die Rekrutierung der Eliten in den bürgerlichen Gesellschaften nach einem »rationalen Muster«. Im Unterschied zu den ständisch geschichteten Gesellschaften des Feudalismus, deren Reproduktion sozialer Ungleichheit sich nach askriptiven Mustern des »Blutes« vollzog, bemißt sich die Verteilung von Statuspositionen in modernen Gesellschaften am Kriterium des funktionalen Beitrags zum Bestand des gesellschaftlichen Ganzen. Dieses Kriterium des funktionalen Beitrags ist, weil es ohne Ansehen der »partikularen« Besonderheiten der Person geschieht, ein streng *universalistisches*. Es besagt zunächst nichts anderes, als daß der für bestimmte Positionen jeweils Beste ausgesucht wird; oder negativ formuliert: auf der Grundlage formaler Qualifikationen werden die jeweils Schlechteren diskriminiert. Das empirische Anwendungsfeld dieser »rationalen« Form der Reproduktion sozialer Ungleichheit ist die Logik der Besetzung knapper Führungspositionen. Die Autorität einer »rational« produzierten Elite wäre somit eine funktionale Autorität. Sie hätte ihre Legitimität nicht in einem Akt der Wahl gewonnen, sondern durch eine fraglose, allen Untergebenen als nützlich einleuchtende »Leistung«. Ihre stärkste Plausibilität erhält eine solche Sicht in der nachträglichen Abgrenzung der frühbürgerlichen Gesellschaft gegen feudale Statusvorrechte. Auch das Pathos des technokratischen Sozialismus von Saint-Simon bis Veblen speist sich aus dem Ärger über die parasitenhaften Privilegien der vorbürgerlichen Ära.

Die Lehre der Meritokratie ist der prekäre Versuch einer Synthese zweier Postulate, die sich in der politischen Philosophie der Aufklärung herausgebildet haben und die sich seit 1789 in unterschiedlichen Ausprägungen in allen Grundrechtskatalogen demokratisch verfaßter Gesellschaften finden. Diese Postulate sind zum einen bezogen auf die staatliche Garantie der prinzipiellen politischen *Gleichheit* aller Bürger, zum anderen auf die Gewähr der Freiheit der *Selbstentfaltung* jedes Individuums.

Das Gleichheitspostulat leugnet zwar nicht die Existenz natürlicher Unterschiede zwischen den Individuen und sozialen Gruppen. Aber es setzt fest, daß diese natürlichen Unterschiede nicht den Tatbestand struktureller sozialer Ungleichheit rechtfertigen. Nach dem Zusammenbruch traditionaler und naturrechtlich begründeter Rangordnungen in der Gesellschaft bedarf jedes politische Herrschaftsverhältnis, d.h. jede strukturell ungleiche Behandlung politisch Gleicher somit einer besonderen Begründung. Fluchtpunkt solcher Rechtfertigung temporärer politischer Herrschaft ist die demokratische Verfassung. Ihr Grundprinzip der demokratisch begründeten und rechtsstaatlich kontrollierten Austauschbarkeit von Souverän und Untertan soll dafür Sorge tragen, daß die natürliche Verschiedenheit der Individuen und Gruppen ihrer prinzipiellen politischen Gleichwertigkeit keinen Abbruch tut.

Nach dem Selbstentfaltungspostulat kann die institutionelle Einrichtung einer politisch verfaßten Gemeinschaft nur dann gerechtfertigt werden, wenn jedes ihrer Mitglieder prinzipiell die Chance hat, die ihm eigenen Interessen, Talente und Leistungsmotivationen zu entwickeln, sofern deren Formen und Motive mit den Interessen anderer Gesellschaftsmitglieder vereinbar sind. Dieses Postulat gebietet, daß die Gesellschaft sowohl in der Organisation ihrer materiellen und kulturellen Reproduktion (besonders im Erziehungssystem) wie in der Verteilung politischer Repräsentationschancen Hindernisse beseitigt und Bedingungen bereitstellt, die es dem einzelnen erlauben, seine eigene unverwechselbare Individualität auszubilden. Seine Schranke hat dieses Prinzip des Anspruchs auf Selbstenfaltung einzig in der objektiven Knappheit verfügbarer Ressourcen.

Die Lehre der Meritokratie ist Ausdruck der – je nach Perspektive – utopischen oder ideologischen Erwartung, daß diese beiden voraussetzungsvollen Postulate der politischen Aufklärung miteinander vereinbar sind. *Utopisch* ist das Bild dieser Lehre insofern, als die kollektive Emanzipation der Gesellschaft nicht als Einebnung individueller Unterschiede zu denken ist, sondern als zwanglose Assoziation differenzierter Individualitäten. Sie suggeriert die Möglichkeit einer gesellschaftlichen Ordnung, in der man – frei nach Marx – nicht nur morgens fischen, nachmittags jagen und abends kritisieren könnte und überdies die einen besser als die anderen fischen, jagen und kritisieren können und noch die Lust, dies oder jenes zu tun, äußerst ungleich verteilt ist – *ohne* daß es zu Konflikten kommt, die den Bestand der Gesellschaft ernsthaft gefährden.

Zugleich war die »Meritokratie« seit ihren Anfängen eine *Ideologie,* die die Herausbildung ökonomischer Klassenstrukturen mit den universalistischen Prinzipien der politischen Organisation versöhnen sollte. Zu einer bürgerlichen Rechtfertigungsideologie wird das Konzept der Meritokratie dadurch, daß ihre normative Idee mit den empirischen Bedingungen, unter denen es seine rechtfertigende Kraft einzig entfalten könnte, vertauscht wird. Dieses von neukonservativen Intellektuellen gern praktizierte Vexierspiel[7] läßt sich deutlich machen an der »Rennbahnmetapher«, mit der die Idee der Meritokratie von seiten ihrer Verteidiger oft illustriert wird. Wenn die Läufer, die auf derselben Linie gestartet sind, die Ziellinie nicht zum gleichen Zeitpunkt durchlaufen, wird dieses Ergebnis fraglos als Ausdruck der unterschiedlichen Schnelligkeit, Körperkraft und Kondition der einzelnen Läufer gedeutet. Wer würde die Rationalität in Zweifel ziehen, nach der der Erste die Goldmedaille erhält, der Zweite die Silbermedaille, der Dritte die Bronzemedaille, also die Läufer *ungleiche* Prämien zugesprochen bekommen. Diese Metapher impliziert, daß der bürgerliche Staat durch die Gewährleistung der formalen Rechtsgleichheit, der elementaren politischen Teilhaberechte, der formalen Schulbildung und der »freien« Zugänglichkeit der Güter- und Arbeitsmärkte eben jene für alle gleichen Startbedingungen garantiere. Diese Metapher suggeriert, daß die ökonomischen Entscheidungen einer Person, ihre Entscheidungen über Bildungswege und Karrierealternativen abstrakte Reaktionen seien auf eine für alle prinzipiell *gleiche* Ausgangssituation. Dabei bedarf es keiner kritischen Reflexion, sondern lediglich einer alltagsweltlichen Aufmerksamkeit, daß jede einzelne Marktentscheidung eines Individuums eine real einzigartige Konstellation von Chancen und Nachteilen ist, die sich jeweils in einem je individuellen Maß der Verfügbarkeit und Zugänglichkeit zu Märkten, Gütern und Institutionen ausdrückt.[8] Soweit diese Zugangschancen für besondere Gruppen der Gesellschaft privilegiert offenstehen oder verschlossen sind, spricht die Gesellschaftstheorie von Klassenstrukturen.

An keinem Ort, es sei denn in den Köpfen der »rational-choice«-Theoretiker und ihrer neokonservativen Nachbeter, nimmt die soziale Welt jedoch die Gestalt eines homogenen Universums von Möglichkeiten an, die jedem Subjekt gleichermaßen offenstehen. Die modelltheoretische Unterstellung, die bestehende soziale Ungleichheit haben ihren Ausgangspunkt in prinzipiell gleichen Startchancen gehabt, mündet somit in die ideologische Pointe, daß sie denen, die ohnehin das Privileg eines hohen Status und eines komfortablen Lebens besitzen, zusätzlich noch das Gefühl vermittelt, all das auch verdient zu haben. Der ideologische Rechtfertigungscharakter des Konzepts der Meritokratie ist also eng verknüpft mit einer strikt formalen Interpretation des Begriffs der Chancengleichheit. Sie lebt von der unwahrscheinlichen theoretischen Möglichkeit, die Idee der formalen Gleichheit getrennt zu haben von den sozialen Bedingungen, mit denen sie untrennbar verquickt ist. Im 19. Jahrhundert war die Fähigkeit, in der Ungleichheit des Zieleinlaufs die *strukturelle* Ungleichheit der Startchancen zu dechiffrieren, vielleicht noch eine Erkenntnisleistung sozialistischer Gesellschaftskritiker. Durch das bloße Faktum des Wohlfahrtsstaates ist diese privilegierte Erkenntnis sozialistischer Kritiker potentiell Teil des Massenbewußtseins geworden. Besonders dessen – unter dem Druck sozialer Bewegungen und günstiger Wirtschaftsbedingungen – forcierter Ausbau in den sechziger und siebziger Jahren hat dafür gesorgt, daß die sozialen Anwendungsbedingungen in das Konzept der formalen Gleichheit selbst eingegangen sind und seine formale Hülle gesprengt haben. Die Einführung der »affirmative-action«-Programme in den USA, der Gesamtschulen in der Bundesrepublik, des kompensatorischen Sprachunterrichts für Kinder, des Aufbaus eines umfassenden Stipendienwesens etc. – alle diese Maßnahmen basierten ja auf der öffentlich diskutierten und zum Anlaß sozialpolitischer Reformen gemachten Prämisse, daß die klassischen formalen Gleichheitsga-

rantien die Gleichheit der Startchancen eben noch nicht garantie-
ren. Zwar ist es nicht wahrscheinlich, daß solche Programme die
Startchancengleichheit wirklich realisiert hätten. Die egalisierende
Kraft wohlfahrtsstaatlicher Maßnahmen läßt sich gemäß einer zeitlichen Logik bestimmen, d.h. gemäß des Zeitpunktes, an dem in
die individuelle Biographie politisch interveniert wird. Relativ *spä-
te* Strategien wie ein stark progressives Steuersystem oder kompensatorische Hilfen am Arbeitsmarkt bieten allenfalls Entschädi-
gungen für bereits institutionalisierte Nachteile. An zeitlich relativ
früh ansetzenden Strategien, wie etwa der Schulpolitik, läßt sich
deutlich machen, daß dem egalisierenden Zugriff des Wohlfahrtsstaates klare Grenzen durch die Basisinstitutionen der bürgerlichen Rechtsordnung gesetzt sind. Das Rechtsinstitut des
Eigentums, das Erbrecht und der verfassungsrechtliche Schutz der
familiären Sphäre sorgen in der bürgerlichen Gesellschaft dafür,
daß die entscheidenden Schaltstellen privilegierter Ressourcennutzung der sozialpolitischen Disposition prinzipiell entzogen bleiben.

Aber trotz dieser – unter Egalisierungsgesichtspunkten – Wir-
kungslosigkeit »später« Maßnahmen und der systemspezifischen
Beschränkung »früher« sozialpolitischer Interventionen hat die
50jährige Tradition des Wohlfahrtsstaates dem Mythos der real
gleichen Chancen für alle die Glaubwürdigkeit genommen. Die
Existenz wohlfahrtsstaatlicher Reformpolitiken hat deutlich
gemacht, daß ungleiche Lebenschancen gerade durch die der Ein-
zelbiographie vorgelagerten, durch die bürgerliche Rechtsordnung
abgesicherten Strukturen privilegierter Ressourcennutzung stabilisiert werden. – Der Fokus der neokonservativen Kritik des Wohlfahrtsstaates konzentriert sich eben auf die positiven Effekte, die
wohlfahrtsstaatliche Maßnahmen in den Köpfen von deren Klien-
tel auslösen. Die neokonservative Kritik versucht, den durch den
Sozialstaat ausgelösten Prozeß der *Soziologisierung* einer formal
beschränkten Chancengleichheit zu bremsen und umzukehren.
Der eigentümliche Umstand, daß gerade die Existenz ausgebauter
sozialer Sicherungssysteme einen für die Betroffenen deutlich
wahrnehmbaren Dauerkommentar zur systematischen Ungleichheit der Startchancen abgibt, zwingt die neokonservativen Verteidiger der spätbürgerlichen Gesellschaft zu einem zusätzlichen
Argument, um das bedrohte Konzept einer formal beschränkten
Chancengleichheit gegen Forderungen nach seiner materialen Ein-

lösung verteidigen zu können. Das starke theoriepolitische Interesse neokonservativer Sozialwissenschaftler an der genetischen Intelligenzforschung findet darin seine Begründung.[9]

Es ist das Ziel der Human- bzw. Verhaltensgenetik, das Verhältnis von (genetischer) Anlage und (sozialer) Umwelt in bezug auf die Begabungs- und Intelligenzentwicklung des Individuums zu bestimmen. Die wissenschaftspolitische Brisanz der Anlage-/Umwelt-Forschung besteht eben darin, daß ihre Befunde zu bildungs- und sozialpolitischen Argumenten werden. In diesen werden die – übrigens äußerst umstrittenen – Daten über eine stärkere Anlagendetermination als Grenze der Bildbarkeit von Personen gedeutet – und damit zu einer Naturschranke des politischen Gleichberechtigungsgebots stilisiert. Wenn man einen Blick wirft auf die Geschichte der Anlage-/Umwelt-Diskussion im Verhältnis zur politischen Verwendbarkeit ihrer Daten, drängt sich der Eindruck auf, daß nicht sachimmanente Gesichtspunkte, sondern der Sog konservativer Interessen an der Verteidigung von Privilegien die sozialwissenschaftliche Aneignung humangenetischer Resultate bestimmt haben. Die Disziplin der Humangenetik entstand in England in der Mitte des 19. Jahrhunderts, zu einer Zeit, als allgemeine Aufnahmeprüfungen und formelle Qualifikationen den Zugang zum öffentlichen Dienst egalisieren sollten. Die Höhepunkte der sozialwissenschaftlichen Verwendung humangenetischer Ergebnisse fallen jeweils mit bahnbrechenden bildungs- und sozialpolitischen Reformen zusammen: 1870 benutzt Galton angebliche genetische Befunde zur Kritik an der Einführung der allgemeinen Schulpflicht, Burt und Eysenck polemisieren 1960 gegen die Einführung der Gesamtschule in England, Jensen und Herrnstein kritisieren 1969 mit genetischen Argumenten das kompensatorische Programm »Headstart«.

Die ideologische Fiktion einer schicht-, rassen- oder geschlechtsspezifischen genetischen Ausstattung soll das bedrohte »merit«-Prinzip stützen. In der Genetik also suchen manche Neokonservative jene empirische Ebene, die sie benötigen, um die natürliche Ungleichheit, von der Rousseau sprach, mit naturwissenschaftlicher Pseudopräzision begründen zu können. Diese genetischen Zusatzkriterien werden für sie erforderlich, um normative Imperative durch den Verweis auf angebliche Naturtatsachen zurückweisen zu können. Erst in Begriffen der Genetik nämlich ließen sich die Kriterien definieren, mittels deren eine als weithin in ihren Beschränkungen durchschaute nur formale Start-chancengleichheit von politischen Forderungen nach ihrer mate-rialen Einlösung abgrenzbar wäre. Mit dieser ideologischen Regression auf soziobiologische Zusatzargumente opfern die Neo-konservativen die normative Substanz, die der Meritokratie in der Frühzeit der bürgerlichen Gesellschaft den Charakter eines mora-lischen Prinzips verliehen hatte.

In meinem *zweiten* kritischen Argument werde ich zeigen, daß der Idee der meritokratischen Rechtfertigung sozialer Ungleich-heit der Begriff einer alles umfassenden formalen Rationalität zu-grunde liegt, die sich im Kontext der kapitalistischen Modernisie-rung der westeuropäischen Gesellschaften herausgebildet hat. Ich werde die These verteidigen, daß diese formale Rationalität in der Wohlfahrts- und Massenkonsumgesellschaft ihre hegemoniale Stellung verliert.

Die Lehre der Meritokratie beansprucht also, rationale Kriterien zur Rechtfertigung sozialer Ungleichheit aufzustellen. Eine auf ihren Prämissen beruhende Sozialstruktur wäre gekennzeichnet durch die Verdrängung »irrationaler«, d.h. feudaler oder quasi-feudaler Formen der Patronage, Korruption, Elitenkooptation etc. Die Meritokratie wäre das real gewordene Selbstbild der bür-gerlichen Gesellschaft. So verschiedene Theoretiker der postindu-striellen Gesellschaft wie Bell oder Touraine gehen davon aus, daß die in der Meritokratie bezeichnete rationale Stratifikation erst unter nachindustriellen Bedingungen zu ihrer vollen Entfaltung käme. Der wachsende Stellenwert wissenschaftlichen Wissens in der Produktion, Politik und Verwaltung würde zunehmend tech-nisch-wissenschaftliche Eliten in gesellschaftliche Herrschaftsposi-tionen einrücken lassen. Die in dieser Richtung umgewälzte nach-industrielle Sozialstruktur wäre die einer »credential-society«, in der der Schul- und Hochschulabschluß, die Berufsprüfung und zahllose andere formal-universalistische Mechanismen der Lei-stungsmessung, des Testens, des Aussortierens und »Diskriminie-rens« zur einzigen Statusdeterminante würden.

Diese in der Theorie der Meritokratie suggerierte, allesumfas-sende formale Rationalität läßt sich nur denken als die Radikalisie-rung von Tendenzen, die in modernen – besonders kapitalistischen – Gesellschaften Gestalt angenommen haben. Die soziologische Theorie beschreibt die Entwicklung westlicher Gesellschaften als die Institutionalisierung von Parametern, hinsichtlich derer konkrete Individuen im formalen Sinne ähnlich oder zumindest vergleichbar werden. Die bürgerliche Gesellschaft entstand in der komplizierten Doppelbewegung der Vereinheitlichung individueller Tauschakte zum sich selbst steuernden Markt einerseits und der komplementären Institutionalisierung staatlicher Garantien der Vertragsfreiheit, des Eigentums und der abstrakten Rechtsgleichheit. In dem Maße, wie diese spezifischen Medien von »Geld« und »Macht« die traditionalen Gesellschaftsreste reorganisieren, wird das konkrete Individuum in seiner partikularen Fülle zum abstrakten Warenbesitzer, Rechtssubjekt und Staatsbürger (citoyen). Das so abstraktifizierte Individuum erscheint nun innerhalb jener Medien als ein völlig rational agierendes und damit berechenbares Subjekt. Universalistische Strukturen in der Ökonomie, in der Politik und im Recht entstehen durch den immer weiter getriebenen Einbezug, die »Inklusion«, des konkreten Individuums in die gesellschaftlichen Funktionssysteme. Deren dramatisch gesteigerte Leistungsfähigkeit muß freilich bezahlt werden mit den sozialpathologischen Kosten der Auflösung lokal-historischer Partikularitäten, sozialmoralischer Milieus und lebensweltlicher Traditionen. Aber – so paradox es klingen mag – erst in der Folge der zwischen Staat und Markt institutionalisierten universalistischen Strukturen, erst in der Folge dieser *Schein*egalisierung konnten die Strukturen sozialökonomischer Ungleichheit als politisches Problem bewußt werden.

Die Eigentümlichkeit des meritokratischen Arguments besteht in der Suggestion einer für alle Individuen, für alle sozialen Gruppen *verbindlichen,* alle gesellschaftlichen Bereiche *umfassenden* und *einheitlichen* Rationalität in der selektiven Verteilung von Lebenschancen: eine Rationalität, die zugleich Kriterien liefert für eine rationale Organisation der Produktivkräfte, für eine rationale Einrichtung der politischen Rahmenbedingungen der Gesellschaft und für die kulturellen Codes der Achtung und Selbstachtung von Individuen. Alle diese Erfahrungsbereiche, deren interne Logik man sich intuitiv völlig verschieden vorstellt, werden im meritokratischen Modell der Hegemonie *eines* formal-rationalen Parameters unterstellt.

Dieses Bild einer ultrarationalen, rein meritokratischen Gesellschaft hat der englische Soziologe Michael Young schon 1958 in der Science-Fiction-Fabel *The Rise of Meritocracy* auf seine absurde Pointe gebracht. Etwa um die Wende zum 21. Jahrhundert – so seine Geschichte – sei es mit Hilfe fortgeschrittener Methoden psychologischer und ökonomischer Leistungsmessung gelungen, die Ideologie der leistungsgerechten Statuszuweisung Realität werden zu lassen. Die Statusposition jedes Gesellschaftmitglieds ließ sich nun nach Maßgabe des IQ und des individuellen Beitrags zum Bruttosozialprodukt eindeutig bestimmen. Die IQ-Kurven und die statistische Beschreibung professioneller Leistung korrelierten endlich mit der statistischen Darstellung der sozialen Schichtung. Aber – und das ist die »message« der Fabel – diese Epoche der absoluten meritokratischen Rationalität dauerte nicht lange. Im Jahre 2034 entstanden Unruhen, die in einer von Young so genannten »populistischen« Revolution mündeten. Diese Revolution wurde zwar mehrheitlich von den Unterschichten getragen, aber ihre Führung lag bei einem Kader der Frauenbewegung, deren Mitglieder durchweg die Frauen der führenden Wissenschaftler waren. Das wichtigste Kampfziel dieser Frauen war die Abschaffung bzw. materiale Erweiterung der existierenden bloß formalen Gleichheit. Die Frauen kämpften gegen die Rationalität einer Sozialstruktur, die die Verteilung von Lebenschancen allein nach Kriterien einer computergesteuerten Leistungs- und Kompetenzmessung regelt.

Ich teile Daniel Bells Auffassung, daß diese für das Jahr 2034 prognostizierte Rebellion gegen die hegemonialen Ansprüche einer solchen Rationalität der Statusverteilung schon heute begonnen hat. Nach Max Weber war der frühe Kapitalismus noch gekennzeichnet durch einen die Bereiche der Ökonomie und der religiösen Kultur umgreifenden Rationalitätsstil, einer historisch einzigartigen Entsprechung zwischen den funktionalen Erfordernissen einer auf freie Arbeit, Privateigentum und Akkumulation beruhenden Wirtschafts*ordnung* auf der einen Seite und einer durch die calvinistische Religionskultur bestimmten Wirtschafts*ethik* auf der anderen. Schon für Max Webers eigene Zeiten, erst recht aber für die gegenwärtigen spätkapitalistischen Gesellschaften kann von einer solch harmonischen Kongruenz von Ökonomie und Kultur nicht mehr die Rede sein. Die Kriterien für eine effiziente Organisation der Produktivkräfte, eine gerechte Ordnung der Produktionsverhältnisse und für kulturelle Wertorientierungen können heute nicht mehr einer einheitlichen Rationalität entnommen werden. Der Verlust dieser einheitlichen formalen Rationalität ist das Dauerthema des gegenwärtigen Neokonservatismus. Allenfalls in den absterbenden Bereichen des Unternehmerkapitalismus und in den aparten Bezirken hochprofessionalisierter technisch-wissenschaftlicher Intelligenz hält sich hartnäckig der Mythos einer hegemonialen Rationalität, die technische Notwendigkeiten, Prinzipien politischer Klugheit und kultureller Achtung konsistent aufeinander beziehen kann. Für die quantitativ erheblichen Teile der Bevölkerung, d. h. für die Masse der lohnabhängigen Angestellten und Arbeiter hat die Idee der Meritokratie längst eine andere Form angenommen. In dem Maße nämlich, wie in den Gesellschaften des Spätkapitalismus der Massenkonsum selber zu einem entscheidenden input-Faktor der Volkswirtschaft wird, greift die Logik der Selbstverwertung des Werts auch auf den Reproduktionsbereich über. Entfremdete Arbeit im Produktionsprozeß, Lohn, nicht etwa als Form gesellschaftlicher Anerkennung, sondern als »Entschädigung« für entfremdete Arbeit, welche den Lohnabhängigen instand setzt, verwertungsrelevante Konsumgüter zu seiner Reproduktion zu erwerben, schließen sich zu einem stabilen Kreislauf zusammen, einem Teufelskreis sozusagen, der Motivgrundlagen und Produktionserfordernisse auf einer neuen Stufe erfolgreich miteinander vermittelt.

Daniel Bell hat – wie erwähnt – in seinen *Kulturellen Widersprüchen des Spätkapitalismus* gezeigt, daß der spätkapitalistische Produktionsapparat eine hedonistische Ethik im Freizeitbereich stimulieren muß, die zu der in der Produktion geforderten asketischen Ethik zunehmend in Widerspruch gerät. In dieser von Bell so genannten »Disjunktion« von Ökonomie und Kultur zerfällt jene allesumfassende formale Rationalität, die der Idee einer meritokratischen Rationalisierung sozialer Verschiedenheit zugrunde liegt.

Der in den sechziger und frühen siebziger Jahren in vielen Gesellschaften forcierte Ausbau des sozialstaatlichen Leistungsspektrums *und* die lange Phase wirtschaftlicher Prosperität in der Nachkriegszeit haben diesen angedeuteten Prozeß der allmählichen Erosion der formalen Rationalität weiter beschleunigt. Die schrille Kritik neokonservativer Ideologen am Ausbau des Wohlfahrtsstaates und die Kritik seiner »mißbräuchlichen« Ausnutzung zeigen deren außerordentliches Gespür für die politischen Folgen eines Abkoppelns der individuellen Leistungsmotivation von dem durch Verwertungschancen diktierten Zwang zu entfremdeter Arbeit. Dem Affekt der neuen Konservativen gegen einen entfalteten Wohlfahrtsstaat liegt die vielleicht richtige Beobachtung zugrunde, daß die Anerkennung einer staatlichen Pflicht zur Gewährleistung einer materialen Chancengleichheit einer nachindustriellen, nachasketischen Ethik den Weg ebnet. Erst ein solcher Wohlfahrtsstaat wäre der politisch realisierte und nicht mehr formal beschränkte Universalismus, weil die Anerkennung der staatlichen Pflicht zur Gewährung aller Chancen bei der Entfaltung des Individuums zum dominierenden Legitimationskriterium der Gesellschaft geworden wäre.

Dabei ist das, was die Neokonservativen beklagen, keineswegs ein Niedergang der Leistungsethik als solcher, sondern die Transformation der Kriterien, der Rationalität, nach der die identitäts- und achtungsstiftende Kraft gesellschaftlicher Kreativität bemessen wird. Gerade in den peripheren Bereichen der gegenwärtigen westlichen Gesellschaften, bei den sogenannten »Aussteigern«, bei denjenigen, die in der informellen Ökonomie, in Alternativprojekten aktiv sind, finden sich durchaus extreme Leistungsmotivationen, die oft höher sind als bei denjenigen, die im formellen Sektor der gesellschaftlichen Produktion arbeiten. Was sich also gesellschaftlich verändert, ist nicht die mit der Idee der »Leistung« eigentümlich verknüpfte Synthese von kreativer Verausgabung und gesellschaftlicher Achtung. Was sich vielmehr in avancierten Teilen der Gesellschaft vollzieht, ist die Sezession von Achtungskriterien aus dem Bereich der materiellen Produktion in die kulturelle Sphäre der Selbstentwicklung von Individuen.

Anmerkungen

1 Vgl. dazu neuerdings Ulrich Beck, *Die Risikogesellschaft*, Frankfurt/M. 1986.
2 Vgl. dazu für die Situation in den USA Paul Blumberg, *Inequality in an Age of Decline*, Oxford University Press, 1980.
3 Vgl. dazu Reinhard Kreckel, *Grundlagen einer politischen Soziologie der sozialen Ungleichheit*, in *Kölner Zeitschrift für Soziologie und Sozialpsychologie*, 1982, 4.
4 Das vorliegende Kapitel ist über weite Strecken angeregt worden von Daniel Bells Aufsatz *On Meritocracy and Equality*, in: *Public Interest*, 1977.

5 Vgl. dazu den *Diskurs über den Ursprung der Ungleichheit unter den Menschen*, in: Rousseau, *Schriften*, Bd. 1, München 1979, hg. von Henning Ritter.

6 Vgl. Ralf Dahrendorf, *Über den Ursprung der Ungleichheit unter den Menschen*, Tübingen 1966.

7 Vgl. dazu als Exempel, Bell, a.a.O.

8 Vgl. dazu Pierre Bourdieu, *Klassenschicksal, individuelles Handeln und das Gesetz der Wahrscheinlichkeit*, in: Pierre Bourdieu *Titel und Stelle. Über die Reproduktion sozialer Macht*, Frankfurt/M. 1981, S. 175.

9 Vgl. dazu Philip Green, *The Pursuit of Inequality*, New York 1981, bes. S. 15–42.

Wohlfahrt

Der Begriff der »Allgemeinen Wohlfahrt« hat widersprüchliche Konnotationen.[1] In der klassischen Nationalökonomie bezeichnet er den auf der Ebene des Nationalstaates aggregierten gesellschaftlichen Reichtum. So verwendet, hat er zugleich einen ideologischen Beiklang, denn er verschweigt die ungleichen Chancen bei dessen Produktion und Aneignung. Eben daran erinnert die moralphilosophische Weise seines Gebrauchs. Sie beinhaltet die normative Idee einer solidarischen Organisation der gesellschaftlichen Arbeit und die gerechte Verteilung ihrer Früchte.

Dieser im Begriff der »Allgemeinen Wohlfahrt« angelegte Widerspruch hat seinen realen Grund, seine Denkmöglichkeit und auch die Idee seiner politischen Überwindung erst in der entfalteten kapitalistischen Wirtschaftsordnung finden können. Die feudale Wirtschaftstätigkeit war auf die lokalen Bedürfnisse isolierter Gemeinden abgestellt. Ihre Herrschaftsbeziehungen waren über personale Loyalitätsverpflichtungen vermittelt. Die Legitimität der politischen Ordnung fand ihren Grund in einem stationären Weltbild. An die Stelle dieses infrastrukturellen und kulturellen Partikularismus setzte die kapitalistische Wirtschaftsordnung die unpersönliche Logik vertraglicher Abmachungen. Durch das Wachstum und die schrittweise Verdichtung lokaler Märkte bildete sich der später als »Gesellschaft« bezeichnete Gesamtzusammenhang heraus. Zur »Totalität«, zum »System«, d.h. zur institutionell integrierten Sozialordnung, auf die zugleich universalistische politische Forderungen wie »gerechte Verteilung« und »solidarische Organisation« bezogen werden können, ist die Gesellschaft erst als *kapitalistische* geworden. Zugleich, und das ist wiederum die andere Seite des Widerspruchs, entsteht und erhält sich dieses Produktionssystem nur kraft der widerstreitenden materiellen Interessen seiner Bürger. Die auf den einzelnen Produzenten bezogene formale Rechtsgleichheit, das staatlich garantierte Privateigentum und die Medien von Markt und Konkurrenz bezeichnen eine Gesellschaftsordnung, in der die Produktion des gesellschaftlichen Reichtums über die Besonderheit von Privatinteressen abgewickelt wird. Die strukturelle Spannung zwischen einer objektiv vergesellschafteten Produktion und der privaten Aneignung ihrer Früchte repräsentiert den in die Grundstruktur der kapitalistischen Ordnung eingebauten Mechanismus ihrer Zerstörung. Der Bezug auf diesen »Grundwiderspruch« ist der Kern aller marxistischen Theorie der kapitalistischen Krise. Deren gegenwärtige Versionen sind freilich nicht mehr – wie noch bei Marx und den frühen Marxisten – von der revolutionären Erwartung des unmittelbar bevorstehenden kapitalistischen Zusammenbruchs geprägt. Vielmehr machten die jeweils avanciertesten Formen marxistischer Krisentheorie gerade die politischen Formen der Neutralisierung dieses »Widerspruchs« zum Bezugspunkt der Analyse. So geht etwa die Imperialismustheorie davon aus, daß die national-staatlich beschränkten Kapitalismen ihren Zusammenbruch nur durch eine imperialistische Expansion hinauszögern können. Auch die marxistische Faschismustheorie sieht in der totalitären Zwangsintegration der Gesellschaft vornehmlich eine politische Form der Neutralisierung jenes »Grundwiderspruchs«.

Die Krisentheorie der wohlfahrtsstaatlichen Massendemokratien der Nachkriegszeit hat eine ähnliche kategoriale Struktur. »Krisen« werden dechiffriert als die langfristig zwangsläufig mißlingenden *politischen* Neutralisierungen des ökonomischen Grundkonflikts. Nach dieser Sicht folgt aber auch die Entwicklung des modernen Wohlfahrts- und Interventionsstaates einer kompensatorischen Logik zur Neutralisierung jener selbstzerstörerischen Tendenz, die in dem »Widerspruch« zwischen Vergesellschaftung und privater Aneignung angelegt ist. Der Politiktypus, auf den sich deshalb die Aufmerksamkeit der kritischen Theorie des Spätkapitalismus konzentrierte, war repräsentiert in dem sogenannten »wohlfahrtsstaatlichen Kompromiß«.

Die grundsätzliche wirtschaftspolitische Orientierung aller entwickelten kapitalistischen Gesellschaften der Nachkriegszeit hat Galbraith als »keynesianischen Konsensus« bezeichnet.[2] Dieser Typus von Wirtschaftspolitik war freilich nicht bloß eine mechanische Anwendung der Thesen der 1936 veröffentlichten *General Theory of Employment, Interest and Money*. Elemente dieses »Konsensus« waren schon vor Erscheinen des Buches praktiziert worden und erfuhren durch es ihre theoretische Fundierung. Erst in der Folge der Kriegswirtschaft und durch die Einschmelzung von Keynes' Theorie in die neoklassische Schulökonomie waren die umfassenden Bedingungen für deren wirtschaftspolitische Praxis geschaffen worden. Mit Keynes' *Allgemeiner Theorie* stehen die folgenden wirtschafts- und sozialpolitischen Prinzipien freilich nur noch in einem losen Zusammenhang. Der »Konsensus« besteht *erstens* in einer antizyklischen Stabilisierungspolitik; sie beruht auf der Prämisse, daß der marktmäßige Kreislauf von Angebot und Nachfrage nur dann relativ störungsfrei funktionieren kann, wenn die Nachfrage bei einem Konjunkturabschwung durch staatliche Initiativen gestützt wird. *Zweitens* in einer staatlichen Organisation und rechtlichen Absicherung der vielfältigen Formen sozialer Hilfe, die die jeweiligen Opfer der kapitalistischen Krisendynamik vor der Verelendung bewahren soll. *Drittens* in einer staatlichen Produktion jener Güter und Dienstleistungen, die der Markt entweder gar nicht oder nur mit markttypischen Mängeln bereitstellen kann. Und *viertens* in einer politischen Anerkennung des gewerkschaftlichen Koalitionsrechts und Tendenzen einer korporativen Einbindung der Gewerkschaften in die gesamtwirtschaftliche Verantwortung.

Der »keynesianische Konsensus« war weder faktisch noch intentional antikapitalistisch. Die Substanz der marktwirtschaftlichen Ordnung, d.h. die Eigentumsrechte, die private Investitionshoheit und die vorhandene Reichtumsverteilung, blieb unangetastet.[3] Gleichwohl stehen alle Teile des oben beschriebenen »Konsensus« zu einer genuin kapitalistischen Logik der Wirtschaftsorganisation in Widerspruch; dies zumindest dann, wenn man dessen in der neoliberalen Schulökonomie gepflegtes Selbstbild akzeptiert: Das stabilisierungspolitische Prinzip der antizyklischen *Nachfragestimulierung* ist praktischer Ausdruck des Zweifels, daß ein konkurrenzwirtschaftliches System aus der eigenen Dynamik heraus Wachstumsstetigkeit und Vollbeschäftigung sichern kann. Zudem impliziert sie – zumindest in ihrer linkssozialdemokratischen Form – die Chance einer partiellen Umverteilung des gesellschaftlichen Reichtums. Die in Krisenzeiten steigenden *Transferkosten* und besonders die Zuschüsse zu den Sozialversicherungsfonds aus dem allgemeinen Steueraufkommen durchbrechen die kapitalistische Äquivalenznorm, die Geldeinkommen nur in der Kopplung mit individuell erbrachter Arbeitsleistung gestattet. Die starke *Expansion des öffentlichen Sektors* ist praktischer Ausdruck des Zweifels an den allokativen Mechanismen des Marktes. Die zunehmende staatliche Kompensierung der Funktionslücken des Marktes, sowohl in der Organisierung und Finanzierung der Reproduktion der Arbeitskraft als auch in der Bereitstellung der materiellen Pro-

duktionsvoraussetzungen, verwischt zunehmend die klassisch
liberale Grenzziehung zwischen einem »politischen«, dem Ge-
meinwohl verpflichteten Staat und einer »unpolitischen«, auf das
Prinzip individueller Nutzenmaximierung begründeten Gesellschaft. Die *verfassungsrechtliche Anerkennung der Gewerkschaften* schließlich und korporative Arrangements laufen auf die faktische Institutionalisierung von Arbeitsmarktparteien hinaus, d.h.
auf eine quasi politische Vermachtung des Arbeitsmarktes. Diese
aber dementiert die von der Schulökonomie noch immer aufrecht
erhaltene Analogie des Arbeitsmarkts zum Gütermarkt, nach der
die Allokation der Ware Arbeitskraft einzig durch die dem individuellen Akteur zugerechnete rationale Reaktion auf Preissignale
erklärt wird.

Auch wenn der Ausbau sozialer Sicherungssysteme und die staatliche Anerkennung gewerkschaftlicher Organisationsmacht der
Gruppe der Lohnabhängigen unmittelbar zugute kamen, waren
diese Elemente des »Konsensus« weder zum Zeitpunkt ihrer Institutionalisierung noch in ihren Funktionen als antikapitalistische
konzipiert. Da die Logik solcher wirtschafts- und sozialpolitischer
Reformen primär der Abwehr dysfunktionaler Nebenfolgen ge-
horchte, dienten sie dem – vom Staat wahrgenommenen – gesamtkapitalistischen Bestandsinteresse, so sehr sie auch im Einzelfall
dem Interesse des individuellen Unternehmers entgegenstanden.
Freilich ist diese funktionalistische Zurechnung des keynesianischen Maßnahmebündels zum gesamtkapitalistischen Bestandsinteresse nicht auf dessen immanent *ökonomische* Funktionslogik zu
beschränken. Diese ist ja eingebunden in das politische Kraftfeld
einer von hoch organisierten Verbandsinteressen bestimmten Gestaltung der industriellen Beziehungen und den Legitimations-
zwängen eines liberaldemokratischen Systems. In diesem Sinne
war der »Konsensus« nicht nur eine wirtschaftspolitische Strategie
unter möglichen anderen. Die politische Innovation des Keynesianismus bestand eben darin, daß er den Interessen der Lohnabhängigen – im Rahmen kapitalistischer Institutionen – einen universa-
lisierbaren Status verlieh. Durch ihn wurden die Interessen der
Lohnabhängigen und der nationalen Wirtschaftsentwicklung miteinander kompatibel.[4] Weil jene sowohl in ihrer Eigenschaft als
Konsumenten als auch als Organisationsmitglieder zum integralen
Bestandteil des staatlich regulierten Wirtschaftskreislaufs wurden,
gelang in der Geschichte des Kapitalismus zum ersten Mal eine

nicht-repressive Vermittlung von kapitalistischen Funktionsnotwendigkeiten und Lohnarbeitsinteressen.

Der »keynesianische Konsensus« war nicht – wie seine neokonservativen Kritiker heute behaupten und seine linkssozialdemokratischen Repräsentanten seinerzeit postulierten – ein Schritt auf dem Wege zu einer nachkapitalistischen Wirtschaftsdemokratie. Aber sein wirtschaftspolitisches Handlungspotential und die durch ihn eröffneten Spielräume einer symbolischen Politik boten der staatlichen Selbstdarstellung die historische Möglichkeit, als klassenneutraler Agent des allgemeinen Wohls und als Treuhänder privatkapitalistischer Interessen zugleich aufzutreten. Er schien die Kunstlehre wirtschaftspolitischer Steuerung und die politisch-soziale Integration der Gesellschaft in einem konsistenten Politiktypus zu vereinigen.[5] Der Keynesianismus war ein historischer Einbruch in den »Universalismus des Kapitals«, d.h. ein Einbruch in jenes Dogma bürgerlicher Wirtschaftspolitik, die einzig in der staatlichen Förderung der einzelkapitalistischen Akkumulationsbedingungen die politische Gewähr für die nationale Wirtschaftsentwicklung sieht.

Diese dem keynesianischen Projekt eigentümliche Einbindung des Lohnarbeitsinteresses in das gesamtkapitalistische Bestandsinteresse legte der kritischen Theorie des Spätkapitalismus eine grundsätzliche perspektivische Verschiebung nahe. Ihre ökonomische Krisentheorie konzentrierte sich auf jenen Krisentypus, der sich aus dieser prekären Integrationsleistung ergeben sollte. Diese Theorie machte geltend, daß gerade der im gesamtkapitalistischen Interesse liegende sukzessive Einbau »systemfremder« (d.h. politischer, gebrauchswertorientierter, kollektiv-öffentlicher) Elemente in das System der privaten Produktion die Bedingungen für eine Strukturkrise des wohlfahrtsstaatlichen Kapitalismus schafft.[6]

Die Spannung zwischen den mikroökonomischen Verwertungsinteressen und den staatlich organisierten makroökonomischen Bestandsvoraussetzungen ist dann im Laufe der siebziger Jahre aufgebrochen. Entwicklung und Verlaufsform haben zunächst deutlich gemacht, daß der »Konsensus« nicht die bewußt herbeigeführte *Ursache* der langen Prosperitätsphase der Nachkriegszeit war, sondern vielmehr die bedingte *Folge* einer historisch einzigartig günstigen Konstellation von technologischer Entwicklung, gesteigertem Massenkonsum, konstant hoher Investitionsneigung und weitgehender Ausschöpfung des Arbeitskräftepotentials.[7] Die im keynesianischen Politiktypus implizierte Gleichsetzung von Wachstum, Kapitalakkumulation, Vollbeschäftigung und Lohnsteigerung war nur unter den spezifischen Akkumulationsbedingungen der Nachkriegszeit möglich. Die Praktikabilität des »Konsensus« hing somit von ökonomischen Randbedingungen ab, über die seine politischen Träger weder verfügen wollten noch konnten.

Jetzt bestreiten selbst Keynesianer nicht mehr, daß die wirtschaftspolitische Praxis antizyklischer Stabilisierungspolitik an ihre immanente Grenze gestoßen ist: Keynes ging davon aus, daß die Unternehmer ihre – durch die staatliche Nachfragepolitik gesteigerten – Profite in die Erweiterung ihrer Produktionsanlagen investieren. Diese Intention staatlicher Wirtschaftspolitik verkehrt sich jedoch tendenziell ins Gegenteil, wenn die Investitionsanreize vorwiegend zu technischer Rationalisierung führen. Keynes glaubte zwar nicht mehr – wie ein Liberaler – an die freie Beweglichkeit der Preise; gleichwohl hat er sich der Möglichkeit einer Situation nicht vergewissert, in der die meisten Gütermärkte durch das Phänomen einer monopolistischen Preisfestsetzung gekennzeichnet sind.[8] Keynes war weiterhin von einem weitgehend nationalstaatlich begrenzten Markt ausgegangen, in dessen Rahmen der Kreislauf von Angebot und Nachfrage für den Wirtschaftspolitiker überschau- und disponierbar ist. Nun sind aber gerade die entwickeltsten kapitalistischen Ökonomien soweit in den Weltmarkt integriert, daß von einem nationalstaatlich lenkbaren Zusammenhang nicht mehr die Rede sein kann. Neben die Sättigung nationaler Märkte mit langlebigen Konsumgütern, neben demographische Faktoren, die das Arbeitslosenproblem verschärfen, tritt als entscheidender Faktor ein langfristiger technologischer Strukturwandel, der sich jeder kurzfristigen Steuerung widersetzt.

Bei einem Überhang an Rationalisierungsinvestitionen, bei extremen Budgetdefiziten, einer monopolistischen Preisgestaltung in weitgehend vermachteten Märkten, bei der starken Weltmarktintegration nationaler Ökonomien stößt der »Konsensus« an seine ökonomischen Grenzen. Der breite Weg des »keynesianischen Konsensus«, den Kapital und Arbeit ein Stück gemeinsam hatten gehen können, gabelt sich wieder in getrennte Pfade. Während der das Kapital affizierende Teil der Krise, der von Produktion und Profit, seine klassische Zyklenform beibehält, verfestigt sich die Krise der Lohnarbeit zu einem gesellschaftlichen Dauerproblem.[9]

Von diesem Schwund der Funktionsbedingungen des »keynesianischen Konsensus« profitiert die sogenannte neokonservative Wirtschaftspolitik.[10] Nimmt man die politische Rhetorik für bare Münze, mit der sie in den Wahlkämpfen der achtziger Jahre vertreten wurde, so ist ihre Stoßrichtung die einer umfassenden Selbstreinigung des Spätkapitalismus von den ihm »wesensfremden« Elementen, die Wiederherstellung eines – freilich vage bleibenden – status quo ante. Das, was in der Publizistik neokonservative Wirtschaftspolitik genannt wird, ist nach Maßgabe wirtschaftstheoretischer Kriterien kein einheitliches Phänomen. Sie bündelt verschiedene Strategien aus konservativen und liberalen Traditionen. Die liberalen Elemente gehen auf die Axiome der klassischen Wirtschaftstheorie zurück, nämlich auf das Prinzip der individuellen Profit- und Nutzenmaximierung und auf die Resultate der Gleichgewichtstendenz aller Marktkräfte. Dieser in der Orientierung an der Gleichgewichtstheorie sich ausdrückende Glaube an die unbegrenzte Selbstregulierungsfähigkeit des Marktes bildet den Hintergrund der neokonservativen Diagnose, daß die gegenwärtige Strukturkrise der kapitalistischen Wirtschaftsordnung nur die Summe lang akkumulierter Folgeschäden ist – und zwar einer dem Marktsystem nicht angemessenen keynesianischen Regulierung.[11]

Alle wirtschaftspolitischen Strategien des Neokonservatismus kommen darin überein, die »*Angebots*seite« zu fördern. Damit ist folgendes gemeint: Reduziert man die Problematik wirtschaftspolitischer Steuerung auf ihre technische Dimension und entkleidet sie aller ihrer ordnungspolitischen Implikationen, dann läßt sich die staatliche Intervention in den Wirtschaftskreislauf prinzipiell in zwei Formen denken. Bei der ersten wird der Wirtschaftskreislauf von der *Nachfrageseite* her stabilisiert, bei der anderen von der *Angebotsseite*. Die erste Form lag der Logik des »Konsensus« zugrunde und bildet das klassische Politikrepertoire der Gewerkschaften und der Sozialdemokratie. Sie setzt an der »Nachfrage« an: durch eine beschäftigungsfördernde Arbeitsmarktpolitik, durch öffentliche Aufträge, durch sozialpolitische Maßnahmen der sozialen Sicherung werden die Handlungsbedingungen der Konsumenten von Gütern und Dienstleistungen unmittelbar begünstigt, wenn auch zu dem mittelbaren Zweck der Verbesserung der Verwertungsbedingungen des Kapitals. Dagegen begünstigt die *angebotsorientierte* Wirtschaftspolitik die Verwertungsbedingungen des Kapitals unmittelbar. Durch Steuer- und Abschreibungserleichterungen für Unternehmer, durch die staatliche Subventionierung von Risikokapital, durch forcierte staatliche Organisierung von Forschung und Technologie werden die Handlungsbedingungen der Produzenten, der »Anbieter« von Waren, Gütern und Dienstleistungen, verbessert. Wirtschafts*theoretisch* greift diese Politik auf das – von Keynes kritisierte – Saysche Gesetz zurück, demzufolge ein Angebot sich quasi automatisch eine Nachfrage schafft.

Gleichwohl gibt es in der Praxis angebotsorientierter Wirtschaftspolitik konkurrierende Maßnahmen: Größte Aufmerksamkeit erregte die in den USA zunächst sehr forcierte und dann wieder weitgehend zurückgenommene Steuerpolitik (a), die mittels massiver horizontaler Steuersenkungen einen Investitionsboom anzureizen versprach, der Stagnation, Haushaltsdefizite und Arbeitslosigkeit in einem Zug zum Verschwinden bringen sollte. Mit der Steuerpolitik um Einfluß konkurriert (b) der Monetarismus, welcher – bis auf den Mechanismus der Geldmengensteuerung – alle Interventionsinstrumente des Staates radikal abbauen will. Im Schatten dieser spektakulären Modelle stehen herkömmliche fiskalpolitische Strategien, die ihr Hauptaugenmerk auf einen ausgeglichenen Staatshaushalt richten, sowie (c) die sogenannten »De-Regulierungs«-Strategien, die auf den Abbau angeblich investitionshemmender politischer Produktionsauflagen zielen. Vorschläge aus dem Umkreis der Angebotstheoretiker, die die Geldwertstabilität durch die Rückkehr zum Goldstandard wiederherstellen wollen, haben sich nicht durchsetzen können. »Reagonomics« und »Thatcherism« waren bislang – in ihren Schwerpunkten jeweils wechselnde – Kombinationen fast aller dieser Einzelstrategien. Der – gemessen an ihren Versprechungen – relative Mißerfolg der bisherigen neokonservativen Wirtschaftspolitik wird von seiten ihrer Theoretiker eben dieser inkonsistenten Implementierung zugerechnet.

a) Unmittelbaren Eingang in das nordamerikanische Wirtschaftsprogramm in der ersten Administration Reagans fand die von den Medien mit der »Laffer-Kurve« assoziierte Steuersenkungspolitik. Die »Laffer-Kurve« beruht auf der folgenden simplen Überlegung: Wenn der Staat überhaupt keine Steuern einzieht, hat er auch kein Budget; wenn er den Steuersatz auf 100% der besteuerten Güter und Dienstleistungen heraufsetzt, werden die Steuereinnahmen rasch auch auf Null fallen, weil kein Bürger mehr arbeiten und investieren will. Die Kunst der Steuerpolitik besteht also darin, jenen Punkt zu ermitteln, der ein optimales Staatseinkommen garantiert, ohne daß die Leistungsbereitschaft der Besteuerten beeinträchtigt wird. Diese schlichte Überlegung sollte natürlich dem Nachweis dienen, daß die ganze Malaise einer stagnierenden und inflationären Ökonomie einer konfiskatorischen Steuerquote zuzurechnen und folglich über deren Senkung zu beheben sei. Die »Laffer-Kurve« ist eine wissenschaftliche Rationalisierung jener trivialen Alltagstheorie, derzufolge die Investitionsbereitschaft des Unternehmers abhängt von der – besonders in der Steuerpolitik sich äußernden – Rücksichtnahme des politischen Systems auf die Akkumulationsinteressen privater Produzenten.

Unmittelbarer Vorläufer und zugleich Anlaß für die große Aufmerksamkeit des u. a. von Laffer wieder neu aufgelegten Typus der Angebotspolitik war eine politisch erfolgreiche Steuerstreikbewegung in Kalifornien, die unter dem Kürzel »Proposition 13« angetreten ist. Mit der »Proposition 13« wurde das Wachstum der Grundstückssteuer begrenzt. Diese in Kalifornien exerzierte Steuersparpolitik bildete seinerzeit für Reagans Administration das Modell für eine umfassende Steuersenkung. In dieser wurden eine drastische Reduzierung der Grenzsteuersätze der Einkommensteuer, weitreichende Abschreibungserleichterungen und andere Sonderbestimmungen mit steuersparendem Effekt verfügt. Nach den Erkenntnissen der Wahlforschung lag der tiefere Grund für die politische Popularität von »Proposition 13« und der Reaganschen Steuerpolitik in einer latenten mittelständischen Steuerstreikneigung. In politisch-soziologischer Sicht hat diese mittelständische Steuerstreikneigung ihre Ursache in der relativen Entdifferenzierung von öffentlichem Sektor und privater Konkurrenzwirtschaft. Das durch diese Aufhebung der strengen Komplementarität von Markt und Fiskus anwachsende Konfliktpotential kann indessen solange latent bleiben, wie durch hohe Wachstumsraten der Wirtschaft dem Fiskus genügend disponible Steuermasse zufließt, um alle gesellschaftlichen Ansprüche tendenziell zu befriedigen. Wenn diese Steuermasse jedoch stagniert und der Fiskus durch die Beseitigung der Folgeprobleme der Wachstumskrise zusätzlich belastet wird, bricht der durch den Staat organisierte Umverteilungskompromiß Stück für Stück zusammen. Die Steuerpolitik wird zum Feld unmittelbarer gesellschaftlicher Verteilungskämpfe, der Fiskus zur Arena des Klassenkampfs.[12]

In der Bundesrepublik Deutschland hat es selbst nach der Bildung der konservativ-liberalen Koalition keine vergleichbare steuerpolitische Radikalkur gegeben. Freilich bestimmen die wesentlichen Elemente einer angebotsorientierten Wirtschaftspolitik sowohl die Diagnose der Krise als auch die praktischen Versuche ihrer Therapie. Dieser paradigmatische Wechsel ist schon seit gut einem Jahrzehnt durch die jährlichen Gutachten des Sachverständigenrates zur Begutachtung der wirtschaftlichen Lage vorbereitet worden. Darin wird die Krise der siebziger Jahre als eine durch Blockierungen der Angebotsseite verursachte »Strukturkrise« interpretiert, der durch entsprechende geld-, fiskal- und steuerpolitische Maßnahmen und vor allem durch eine Senkung der Lohnkosten zu begegnen sei.[13]

b) Die herkömmliche keynesianische Stabilisierungspolitik beruhte auf der Vorstellung, daß der Staat durch ein Bündel von steuer- und geldpolitischen Instrumenten, vor allem aber durch öffentliche Ausgaben, bestimmte Effekte auslöst, die das Investitionsverhalten der privaten Wirtschaftssubjekte mittelbar steuern. Dagegen ist die *monetaristische* Schule der Auffassung, daß sich die staatliche Wirtschaftspolitik auf einen einzigen makroökonomischen Steuerungsmechanismus beschränken soll, nämlich auf die mittels der Zentralbanken vorgenommenen Regulierung der in Umlauf befindlichen Geldmenge[14], in dem Sinne, daß das Geldmengenwachstum sich – unabhängig von kurzfristigen zyklischen Schwankungen – strikt am langfristig erwarteten Wirtschaftswachstum zu orientieren habe. Die Geldmengenpolitik ist nach dieser Auffassung das einzige, nicht seinerseits inflationär wirkende stabilisierungspolitische Instrument. Alle Arbeiten der von Friedman begründeten monetaristischen Schule versuchen den im Detail sehr umstrittenen Nachweis zu erbringen, daß geldpolitische Impulse die einzigen Faktoren sind, die auf das gesamtwirtschaftliche Produktions- und Beschäftigungsniveau einen positiven Einfluß haben. Diese Beschränkung des makroökonomischen Instrumentariums der Stabilisierungspolitik kehrt zur mikroökonomischen Sichtweise der klassischen bürgerlichen Ökonomie zurück: Die Allokation der Produktionsfaktoren und die individuellen Handlungspläne aller Wirtschaftssubjekte gelten als allein durch den Mechanismus beweglicher Preise vermittelt.

Diese Stabilisierungspolitik qua Geldmengensteuerung ist nur die positive Seite des monetaristischen Programms. Da es von der Prämisse ausgeht, daß gerade das – im Zuge des »Konsensus« entwickelte – wirtschaftspolitische Interventionspotential die eigentliche Ursache der gegenwärtigen Krise ist, muß es durch ein Negativprogramm komplettiert werden: durch die Politik der »De-Regulierung«.

c) Innerhalb der allgemeinen politischen Diskussion der USA kam der Begriff der »De-Regulierung« in den frühen siebziger Jahren in Umlauf zur Bezeichnung der Strategien einer internen Rationalisierung des Staatshandelns. Im Rahmen der neokonservativen Wirtschaftspolitik bedeutet De-Regulierung freilich etwas anderes als nur die Verkürzung administrativer Entscheidungswege und die Verbesserung administrativer Kommunikation und Datenverarbeitung.[15] Hier steht der Begriff zunächst für alle Versuche der Zurückdrängung des öffentlichen Sektors. Staatsfunktionen, d.h. staatlich erbrachte öffentliche Dienstleistungen, werden »de-reguliert« oder »de-institutionalisiert«, indem sie an das System privater Konkurrenzwirtschaft zurückgegeben werden. Beispiele dieser Strategie sind die Reprivatisierungen großer Telefon- und Eisenbahngesellschaften, Krankenhausketten und Wohnungsbaugesellschaften in den USA. Mildere Varianten dieser Vermarktung von Staatsfunktionen bestehen darin, daß sich lokale Verwaltungsbehörden – etwa im Bereich von Sanierungsaufgaben oder im Krankenhausbau – auf die Organisierung eines Finanzierungspools beschränken. Durch das Instrument der Mischfinanzierung wird der Fiskus entlastet bei Beibehaltung eines beschränkten Ausmaßes öffentlicher Kontrolle, und zugleich wird das Staatshandeln den Imperativen privater Kapitalverwertung unterworfen. Das kurzfristige Motiv für diese Strategien war in der Regel das fiskalischer Entlastung. Langfristiges Ziel ist freilich der Abbau staatlicher Interventionskapazität, also der Entlassung des Staates aus der Legitimitätshaftung für die Qualität öffentlicher Dienstleistungen. Eine andere Maßnahme im Rahmen dieser Strategie besteht im schrittweisen Abbau eines Teils der im Interesse von Konsumenten und Lohnabhängigen erfolgten Auflagen an das privatwirtschaftliche System, die dem Schutz der Umwelt, der Gesundheitssicherung und der Integration von Minderheiten und Behinderten dienten. Im Zuge dieser Maßnahmen werden diese Auflagen selbst liberalisiert, die Exekution der verbleibenden Sanktionen wird entschärft, und die überwachenden Bürokratien werden abgebaut. Dieser Typus von De-Regulierungspolitik zielt unverhohlen auf die Verbesserung einzelkapitalistischer Akkumulationschancen.

Das Ensemble dieser neokonservativen wirtschaftspolitischen Strategien ist mehr als eine »policy«, d.h. mehr als nur ein Maßnahmenbündel, das lediglich für einen identisch gebliebenen politischen Zweck neue Mittel ausprobiert. In ihrer *ideologischen* Programmatik versuchen die Neokonservativen vielmehr, auf die wirtschaftspolitische Zwecksetzung selbst Einfluß zu nehmen: Die Entlassung des Staates aus der Legitimitätshaftung für die Gesamtwirtschaft, die Befreiung der Unternehmen von »wirtschaftsfremden« politischen Auflagen, die Reduktion von Sozialpolitik auf Arbeits*marktpolitik,* die Reprivatisierung der sozialen Hilfe und des Beschäftigungsrisikos, die Zurückdrängung des Gewerkschaftseinflusses und die Suspendierung korporativer Strukturen – all dies sind Zweckdefinitionen, die in ihrer Summe darauf abzielen, eine durch die Elemente des »keynesianischen Konsensus« stark geprägte Wirtschaftsgesellschaft in den Rahmen einer neoklassisch vorgestellten Marktökonomie zu bannen, d.h. alle überständigen, »systemfremden« Reste, die sich in diesen Rahmen nicht fügen, abzuschneiden.

In der wirtschaftspolitischen Praxis freilich sind auch neokonservative Regierungen mit den Realitäten einer hoch verrechtlichten Sozialpolitik konfrontiert, mit einer auf staatliche Kapitalhilfe, Infrastruktur- und Kompensationsleistungen angewiesenen Volkswirtschaft, mit einem dem Staat nur begrenzt zur Disposition stehenden Kraftfeld von Verbandsinteressen – d.h. mit institutionalisierten »Sperrklinkeneffekten«, die eine Wiederherstellung des status quo ante, eine Rückkehr zum Liberalkapitalismus, unmöglich machen. Darum relativiert sich die auf der ideologischen Ebene beobachtbare krasse Polarisierung von »Markt-« und »Staats«-Konzepten in der wirtschaftspolitischen Praxis zu einer Konkurrenz von weniger prägnanten Mischtypen, in denen jeweils andere Politikbereiche und Politikstile akzentuiert werden.

Die historische Besonderheit des »keynesianischen Konsensus« hatte eben darin bestanden, daß er die Kompatibilität von »Akkumulationsinteressen« und Interessen an der demokratischen Legitimierung staatlichen Handelns möglich gemacht hatte. Die ihm eigentümlichen Arrangements der antizyklischen Stabilisierungspolitik, der Sozialstaatlichkeit und des Korporatismus hatten der strukturellen Spannung von Kapitalismus und Demokratie, von privater Aneignung des Mehrwerts und der demokratischen Norm sozialer Gleichheit einen Teil ihrer Schärfe genommen. Jetzt, da in der Folge geschrumpfter Verteilungsspielräume, des »jobless growth«, der supranationalen Integration vieler Kapitale die Funktionsbedingungen des »Konsensus« nicht mehr vorliegen, zerfällt die Kompatibilität von »Akkumulation« und »Legitimation«. Gewerkschaftliche und sozialdemokratische Zielsetzungen, die gerade wegen dieser demokratischen Aspekte den »Konsensus« zur Plattform ihrer Politik gewählt hatten, werden jetzt zum Opfer einer besonderen historischen Dialektik. Entweder sie bescheiden sich resignativ mit einer Politik der staatlichen Förderung privater Akkumulation und machen gegenüber dem neokonservativen Programm einer »Modernisierung« der Volkswirtschaft allenfalls sozialpolitische Schutzansprüche oder gar nur gruppenspezifische Privilegien geltend *oder* sie behaupten die »wesensfremden«, »gegenstrukturellen« Elemente des »Konsensus« auch wider seine schwindenden Funktionsbedingungen. Dann freilich wären sie genötigt, eben jene Elemente in den Rahmen einer erweiterten ordnungspolitischen Konzeption zu stellen, die der gegenwärtigen Stufe kapitalistischer Entwicklung tatsächlich angemessen ist.

Auch die linkssozialdemokratischen und eurokommunistischen wirtschaftspolitischen Diskurse bewegen sich auf einem Terrain, das durch die Geschichte des keynesianischen Politikparadigmas abgesteckt ist. Sofern sie sich – in vulgär-keynesianischer Sicht – darauf beschränken, die gegenwärtigen Krisensymptome zum vertrauten Bild einer Unterkonsumtionskrise zu stilisieren, der es nachfragepolitisch entgegenzuwirken gelte, müssen sie den steuerungstechnischen Beweis erbringen, auf welchen neuen Märkten, mit welchem Typus von Gütern welche Verbraucherschichten erschlossen werden könnten, deren Nachfrage dann einen der Nachkriegszeit vergleichbaren Wachstums- und Beschäftigungsschub auszulösen imstande wäre und überdies eine Verschärfung der ökologischen Situation verhinderte.

Die klassische vor-keynesianische Wirtschaftspolitik eines Verstaatlichungssozialismus hat heutzutage – anders als etwa zu Zeiten der Weltwirtschaftskrise am Ausgang der Weimarer Republik – keinen nennenswerten politischen Träger mehr, der es erlauben würde, diese Strategie als eine nicht nur akademische politische

Option zu diskutieren. Nach den Erfahrungen mit den staats-
sozialistischen Gesellschaften im sowjetischen Einflußbereich
hätten ihre gegenwärtigen Verfechter auch die Beweislast dafür zu
tragen, daß eine umfassende Unterstellung der Produktivkräfte
unter die bürokratische Kontrolle des Staates das in den spätkapitalistischen Wohlfahrtsstaaten erreichte Niveau materieller Versor-
gung nicht dramatisch unterschreitet und zugleich vereinbar bleibt
mit dem institutionalisierten Niveau bürgerlicher Freiheitsrechte.

Die demokratischen und organisatorischen Mängel staatssoziali-
stischer Systeme und die schwindenden Funktionsbedingungen
keynesianischer Regulierung haben zu dem Dilemma geführt, daß
die klassischen sozialistischen Politikträger in den westlichen
Massendemokratien dem neokonservativen Programm einer umfassenden »Selbstreinigung« des Kapitalismus weder auf der steuerungstechnischen noch auf der normativ-utopischen Ebene eine
Alternative entgegensetzen können.

Die ordnungspolitischen Debatten zwischen den am neoklassi-
schen Paradigma der Wirtschaftstheorie orientierten Konservativen und den am Keynesianismus orientierten Sozialisten bedienen
sich jeweils einer Serie von Argumenten, die sich zueinander
streng komplementär verhalten. Der Raum dieser Argumente wird
durch die Dimensionen von Markt und Staat begrenzt: Rechnen
jene die krisenhaften Folgeprobleme der gegenwärtigen Wirtschaftsentwicklung den wohlfahrts- und interventionsstaatlichen
Arrangements zu, die der Keynesianismus zu deren Bändigung
eingerichtet hatte, sehen diese gerade in der nicht weit genug vor-
angetriebenen staatlichen Beschränkung des Marktkapitalismus
die eigentliche politische Ursache der Krise.

Dabei findet sich für das drängendste Symptom der Krise –
nämlich die dramatische Veränderung des Verhältnisses von Pro-
duktivitäts- und Beschäftigungsentwicklung – in keinem der
Erklärungsmuster, Argumente und Programme, die sich in diesen
Debatten zu topischen Strukturen verdichtet haben, eine konsi-
stente Therapie. Die Strukturkrise der Lohnarbeit kann nämlich
nicht mehr im traditionellen Sinne als eine Krise des Kapitalismus
begriffen werden, auch wenn manche ihrer Aspekte denen herkömmlicher Krisen gleichen. Der moralische Skandal der üblichen
Krisen des Kapitalismus bestand gerade in der profitdiktierten Un-
terausnutzung der gesellschaftlichen Produktionskapazitäten. Die
jetzige Krise der Lohnarbeit hingegen ist eine Folge der Abnahme

der gesamtgesellschaftlichen Arbeitszeit. Den paradoxen Tatbestand, daß Massenarbeitslosigkeit, unstete Beschäftigungsverhältnisse, die Verdrängung von Frauen, Jugendlichen, Alten und Behinderten vom Arbeitsmarkt, der Niedergang ganzer Kommunen und Landstriche, daß soziale und regionale Verarmungsprozesse die realen Erscheinungsformen eines neuen gesellschaftlichen Reichtums sind – diesen Tatbestand hatte einst Herbert Marcuse mit dem Begriff der »surplus repression« zu fassen versucht. Diesem Begriff liegt die Annahme zugrunde, daß es *legitime* Formen gesellschaftlicher Unterdrückung gibt. Das Kriterium ihrer Legitimität ist die objektive Knappheit von Ressourcen. Übersteigt jedoch der Grad gesellschaftlicher Unterdrückung den durch Knappheit erzwungenen, ist sie Ausdruck von Klassenherrschaft – »surplus repression«. Es hat den Anschein, daß Herbert Marcuses Vision aus den sechziger Jahren gegenwärtig Gestalt annimmt, daß sich die hochentwickelten kapitalistischen Gesellschaften einem Punkt nähern, an dem ein weiterer technischer Fortschritt den Umsturz der herrschenden Gesellschaftsordnung nahelegen würde. Dieses Stadium sei, so Marcuse, erreicht, wenn die materielle Produktion in einer Weise automatisiert und rationalisiert sei, daß sich die notwendige Arbeitszeit auf einen Bruchteil der gegenwärtigen reduzieren ließe. Dann nämlich, so lautet seine Annahme, würde der reine Herrschaftscharakter der existierenden Formen von sozialer Not, Entfremdung und beeinträchtigter Lebensqualität den Massen durchsichtig.

Wie die Marcuseschen Überlegungen deutlich machen, repräsentiert die die gegenwärtige kapitalistische Entwicklung kennzeichnende Veränderung des Verhältnisses von Beschäftigung und ökonomischer Entwicklung ein Problem, das mit jenen Theorien nicht mehr zureichend begriffen werden kann, die von marxistischer und bürgerlicher Seite in bezug auf die Durchsetzung kapitalistischer Entwicklung ersonnen wurden.[16] Sei es die Theorie der reellen Subsumption, die von einer kontinuierlichen Anpassung der Lohnarbeit an kapitalistische Produktionsbedingungen ausgeht, sei es das Konzept der »Great Transformation«, d.h. die Auflösung der Haus- und Dorfökonomie, der Trennung des Produktions- und Reproduktionsbereichs, der Trennung des Arbeiters von seinen Arbeitsmitteln, also jene sozialgeschichtlichen Fakten, die die funktionalistische Theorie der Modernisierung inspiriert haben (als funktionale Differenzierung der Teilsysteme). Im Lich-

te aller dieser Theorien erscheint die menschliche Gesamtarbeits-
kraft als eine Art organischer Ressource, die im Zuge der Durchkapitalisierung der Gesellschaft immer optimaler benutzt wird.
Marxisten haben sich auf den ökonomischen Aspekt dieses Prozesses konzentriert – nämlich die Kommodifizierung der Arbeitskraft; die bürgerliche Soziologie-Tradition von Durkheim bis
Parsons hingegen stützte sich auf Phänomene der Professionalisierung, der wissenschaftlichen Rationalisierung, der Verrechtlichung etc. Die dem Kapitalismus eigentümliche Form der Institutionalisierung der Wirtschaftstätigkeit scheint jedoch nicht – wie
in jenen Theorien suggeriert – bis ins Unendliche ausgedehnt
werden zu können. Die für die nachkeynesianische Epoche cha-
rakteristische Verselbständigung der Produktivitätsentwicklung
gegenüber dem Beschäftigungsniveau bringt die Entwicklungs-
phänomene, die Marxisten zur Theorie der reellen Subsumption
und Funktionalisten zur Theorie der funktionalen Differenzierung
veranlaßt hatten, zwar nicht zum Stillstand, aber bremst sie so ab-
rupt ab, daß der Blick auf eine Dimension der sozialen Realität
fällt, die trotz ihrer massiven Relevanz für die Alltagserfahrung
jedes Menschen in diesen Theorien fast kaum beachtet wurde. Das
ist eine Dimension, die zwar bereits *vor* der Krise der Lohnarbeit
existierte, der aber erst jetzt – angesichts einer neuen Stufe der Produktivitätsentfaltung und der ordnungspolitischen Ratlosigkeit eines auf Lohnarbeitsprobleme fixierten »alten« Sozialismus – ein
neuer Stellenwert zuzukommen scheint.

Es handelt sich dabei um jene Bereiche gesellschaftlich relevanter
Arbeit, die sich außerhalb des Systems kapitalistisch rationalisier-
ter Lohnarbeit befinden, auch wenn sie als haushaltliche Sphäre
der Reproduktion von Arbeitskraft, als Absatzmarkt von
Konsumgütern, als Potential verfügbarer Arbeitskräfte immer auf
die Marktökonomie bezogen sind. Um das Verhältnis dieser komplementären Hälften von Lohnarbeit einerseits und Nicht-Lohnarbeit andererseits auf den Begriff zu bringen, hat man zum mißverständlichen Konzept getrennter »Sektoren« gegriffen. Dem
»formellen Sektor« des ökonomischen Arbeitsmarktes wird der
»informelle« Sektor der Nicht-Lohnarbeit gegenübergestellt.
Andere, ähnliche, wenn auch nicht deckungsgleiche Unterscheidungen sind: »heteronomer vs. autonomer Sektor«, »Erwerbs-
arbeit vs. Eigenarbeit«, »Arbeit vs. Tätigkeit« etc.[17] Der »formelle« Sektor wird strukturiert durch die – im Kraftfeld von Markt

und Staat ausgebildeten – arbeits- und sozialrechtlichen Regelungen. Er wird betreten, um die monetären Mittel für den Lebensunterhalt zu erwerben. Die Entlohnung geschieht ausschließlich in Geldform; diese wird steuerlich erfaßt. Die Zugehörigkeit zur anderen Seite gesellschaftlicher Arbeit, zum »informellen Sektor«, ist diffuser und selbstverständlicher. Jede Person gehört diesem Sektor an – kraft der Mitgliedschaft zu einem Haushalt oder zu einer Familie. Dieser »Sektor« bezeichnet die Sphäre unverzichtbarer haushaltlicher Verrichtungen und Dienstleistungen, potentiell auch die Sphäre der Muße, der nachbarschaftlichen sozialen Hilfe, der ästhetischen Selbstverwirklichung. Diese »Tätigkeiten« dienen zwar nicht dem Gelderwerb, sie sind aber im konsumtiven Sinne geldintensiv. In der sozialökonomischen Diskussion hat sich zur Bezeichnung dieser komplementären Hälften gesellschaftlicher Arbeit der Begriff der »Dualwirtschaft« durchgesetzt. Dieser Begriff und das mit ihm bezeichnete Konzept sind mißverständlich. Es bietet sich daher an, seine Eignung als alternatives wirtschaftspolitisches Paradigma durch die Ausräumung verbreiteter Mißverständnisse aufzuzeigen: »Dualwirtschaft« als analytisches Konzept zur Unterscheidung von real getrennten, aber funktional verschränkten Sektoren der gesellschaftlichen Gesamtarbeit ist keineswegs neu. Seinen ursprünglichen Anwendungsbereich hatte der Begriff in bezug auf das Verhältnis von Subsistenzwirtschaft und kapitalistischer Marktökonomie in kolonialen Gesellschaften. Seine primäre Intention ist eine kritische; ähnlich wie der Begriff der »Kolonisierung« eignet er sich zur Analyse jener gesellschaftlichen Spaltungsprozesse, der Entstehung neuer Klassenformationen, regionaler Disparitäten und Entwicklungsungleichzeitigkeiten, die sich in der Folge einer an rein kapitalistischen Imperativen orientierten Modernisierung der Produktivkräfte zwangsläufig ergeben. Der Begriff der »repressiven Dualisierung« bezeichnet exakt den Umkreis jener sozialen Probleme, die als Resultat der – von der neokonservativen Wirtschaftspolitik – systematisch betriebenen Entkoppelung von Produktivitäts- und Beschäftigungsentwicklung entstehen.[18] Das Projekt der Angebotspolitik, der einseitig forcierten staatlichen Förderung der Akkumulationsinteressen wäre unvollständig, wenn es nicht ergänzt würde durch eine planvoll betriebene Strategie der Ausgliederung von Arbeitskräften aus dem Arbeitsmarkt. Opfer dieser Strategie sind vornehmlich die Frauen, die Jugendlichen, die Alten und Behinderten. Konservative Frauenpolitik, Rückführungsprogramme für ausländische Arbeitnehmer, die Verlängerung der Schulbildung und die Verkürzung der Lebensarbeitszeit dienen – jenseits ihrer jeweiligen ideologischen Etikettierungen – dem einzigen Zweck der Entlastung des Arbeitsmarktes. Sozialpolitik in Gestalt der »repressiven Dualisierung« und angebotsorientierte Wirtschaftspolitik sind die zwei Hälften *eines* umfassenden neokonservativen Projektes der »Selbstreinigung« des Kapitalismus.

Eben auf diese klassenpolitischen Folgeprobleme einer rein marktwirtschaftlichen Modernisierung sind die unter dem programmatischen Kürzel »Dualwirtschaft« versammelten ordnungspolitischen Reflexionen kritisch bezogen. Sie setzen nicht »jenseits von Markt und Staat« an, etwa – so das kurrente Mißverständnis – an der törichten Hoffnung auf ein den Bestand der offiziellen Ökonomie gefährdendes Wachstum der Alternativökonomie. Sie gehen vielmehr davon aus, daß eine an dem demokratischen Prinzip sozialer Chancengleichheit und Selbstbestimmung orientierte Verteilung der knapper werdenden Arbeit im formellen Sektor sowie die Umverteilung ihrer Erträge nur durch ein umfassendes Rearrangement im Gesamtverhältnis der herkömmlichen Steuerungssphären von »Markt«, »Staat« und »Eigenarbeit« zu erreichen seien.

Freilich sind die bislang vorliegenden politischen und theoretischen Überlegungen noch so rudimentär, daß von einer ordnungspolitischen Alternative zum neokonservativen Projekt der »Selbstreinigung des Kapitalismus« nicht die Rede sein kann. In der gegenwärtigen Phase der Diskussion lassen sich allenfalls einige ihrer arbeitszeit- und sozialpolitischen Voraussetzungen bezeichnen sowie die kulturellen und wirtschaftspolitischen Bedingungen ihrer Praxis. Erst deren konzeptuelle Integration und die Übernahme dieses Konzepts durch relevante politische Akteure würden es möglich machen, von einer »Alternative« zu sprechen.

Die dringlichsten und zugleich der politischen Disposition zugänglichsten Voraussetzungen liegen im Bereich der *Arbeitszeitpolitik*. Es geht zunächst um die Reduktion der individuellen Arbeitszeit im »formellen« Sektor und eine an den Interessen der abhängig Beschäftigten orientierte Flexibilisierung ihres Einsatzes. Diese Politik der Arbeitszeitverkürzung und Arbeitszeitflexibilisierung garantiert freilich nur dann eine *demokratische* Verteilung der knapper werdenden gesamtgesellschaftlichen Arbeitszeit, wenn sie durch folgende *sozial- und arbeitsmarktpolitische Maßnahmen* flankiert wird: Zum einen durch die Einführung eines *garantierten Mindesteinkommens*. [19] Im Unterschied zu der in allen Wohlfahrtsstaaten institutionalisierten »Sozialhilfe« wäre das »garantierte Mindesteinkommen« oder die »negative Einkommensteuer« an keine Voraussetzungen wie Krankheit, altersbedingte Erwerbsunfähigkeit etc. gebunden – diese Form der materiellen Grundsicherung wäre ein Bürgerrecht. Voraussetzung dieser radikalen sozialpolitischen Reform wäre die endgültige Durchtrennung jenes – für das Selbstverständnis des Kapitalismus – zentralen Zusammenhangs von Einkommen und dem Besitz eines Lohnarbeitsplatzes. Diese gelegentlich sogar von liberalkonservativen Ökonomen unterstützten Vorschläge können geltend machen, daß die Verknüpfung von Verausgabung im »formellen« Sektor und Anteil am gesellschaftlichen Reichtum sich längst aufgelöst hat (bzw. immer Ideologie gewesen ist) und es zumal in den sozialstaatlichen Sicherungs- und Ruhestandsgewährungen entwickelter Wohlfahrtsstaaten keine meritokratische Rationalität des Zusammenhangs von allgemeinem und individuellem Reichtum mehr gibt. Die Administration Nixons hatte seinerzeit zuerst den Plan erwogen, die Vielfalt von Zuschüssen, sozialen Hilfen und Dienstleistungen durch eine »negative Einkommensteuer« zu ersetzen. Diese konservative Variante des Einkommens auf Lebenszeit ist freilich nur eine Art Abfindung für den Marginalisierten, dem damit sein demokratisches Recht auf den Zugang zum Arbeitsmarkt abgekauft wird. Die Auflösung des Zusammenhangs von Arbeitsplatzbesitz und Einkommen ist deshalb nur dann keine Stützung eines segmentierten Arbeitsmarktes, einer »repressiven Dualisierung«, wenn das im Wohlfahrtsstaat bereits Ende der sechziger Jahre erreichte Niveau arbeitsmarktpolitischer Wahlfreiheit erhalten bleibt und das demokratische Prinzip der gerechten Verteilung knapper Arbeitszeit selbst zur Maxime der staatlichen, wirtschaftspolitischen Beeinflussung des »formellen Sektors« wird.

Eine oft übersehene Bedingung für eine ordnungspolitische Alternative, die die Sphäre der »Eigenarbeit« und den »formellen Sektor« in ein neues Beziehungsverhältnis setzen will, liegt im Bereich *kultureller Motive, Einstellungen und Wertorientierungen*. Die im Zuge der Industrialisierung entwickelte »Arbeitsgesellschaft«, in ihrer sozialistischen wie ihrer kapitalistischen Form, beruhte sowohl *subjektiv* (hinsichtlich des biographischen Erfahrungshorizontes ihrer Mitglieder) als auch *objektiv* (hinsichtlich der Rationalität ihrer Organisation, ihrer Statusverteilung, ihrer gesellschaftlichen Moral) auf der Zentralität der Lohnarbeit. Noch ist offen, ob die gerade von neokonservativer Seite beklagte »Zersetzung« der protestantischen Arbeitsethik zugleich die Formierung eines »nachbürgerlichen« Sozialcharakters impliziert. Die kulturelle Dezentrierung der Lohnarbeit bezeichnet indes nur eine Seite des Problems; die andere liegt in der kulturellen Aufwertung der Nicht-Lohnarbeit. Deren traditionell niedriger Rang beruht auf den tief verwurzelten Strukturen geschlechtsspezifischer Arbeitsteilung.[20] Diese stehen jedoch allenfalls in the long run zur politischen Disposition. Ohne diese kulturelle Revision könnte das in der sogenannten »dualwirtschaftlichen« Alternative eingebundene demokratische Potential aber nicht freigesetzt werden.

Das vorrangige Ziel aller *Wirtschaftspolitik im Kapitalismus* war und ist die Garantie der Verwertungsbedingungen des Kapitals. Freilich hatte eine solche Politik im Rahmen eines praktizierten Keynesianismus nicht mehr die unmittelbare Form der Klassenherrschaft, erlaubte dieser doch zumindest partiell die Vereinbarkeit von Akkumulations- und Lohnarbeitsinteressen. Unter den *nach*keynesianischen Bedingungen der Verselbständigung der Produktivitätsentfaltung gegenüber dem Beschäftigungsniveau wird die staatliche Wirtschaftspolitik wieder zu einer eindeutigen – manifest klassenförmigen – Stützung der Kapitalseite. Darum bleibt die Einschränkung dieser strukturellen Parteilichkeit staatlicher Wirtschaftspolitik die conditio sine qua non *aller* – nicht nur der dualwirtschaftlichen – demokratischen Reform des Wirtschaftssystems. Erst eine solche Reform würde es erlauben, über eine Eigentums-, Steuer- und Sozialpolitik zu räsonnieren, die neben der weiterhin »formell« organisierten Produktionsgüter- und Grundstoffindustrie die Entwicklung dezentraler, genossenschaftlicher und gebrauchswertorientierter Produktionsformen auf lokaler Ebene ermöglicht und fördert.

1 Wolfgang Bonß, Elmar Koenen, Otto Jacobi und Gerhard Mutz haben mir für dieses Kapitel zahlreiche kritische Ratschläge gegeben.
2 Vgl. John Kenneth Galbraith, *The Conservative Onslaught*, in: *The New York Review of Books*, 22. Jan. 1981.
3 Vgl. Galbraith, a.a.O.
4 Vgl. dazu Christine Buci-Glucksman, Göran Therborn, *Der sozialdemokratische Staat*, Hamburg 1982, S. 110–150.
5 Vgl. dazu vorzüglich Georg Vobruba, *Politik mit dem Wohlfahrtsstaat*, Fankfurt/M. 1981, S. 133ff.
6 So Claus Offe, *Spätkapitalismus*, in: *Die Strukturkrise des kapitalistischen Staates*, Frankfurt/M. 1972.
7 Vgl. Burkhardt Lutz, *Kapitalismus ohne Reservearmee*, in: *Sonderheft der Kölner Zeitschrift für Soziologie und Sozialpsychologie* 24/1982.
8 Vgl. Rudolf Hickel, *Ökonomische Stabilisierungspolitik in der Krise*, in: Grauhán/Hickel (Hg.), *Krise des Steuerstaates?*, in: *Leviathan* 1/1978.
9 Vgl. Georg Vobruba, a.a.O., S. 142f.
10 Die pointierteste Kritik der neokonservativen Wirtschaftspolitik schrieb Robert Lekachman, *Die Reichen reicher machen*, Hamburg 1982; eine ähnlich pointierte Darstellung in apologetischer Absicht Henri Lepage, *Der Kapitalismus von morgen*, Frankfurt/New York 1978.
11 Eine vorzügliche wissenschaftspolitische Darstellung der paradigmatischen Umorientierung der nordamerikanischen Wirtschaftspolitik findet sich bei Leon N. Lindberg, *Wirtschaftswissenschaftler als Politikberater*, in: *Journal für Sozialforschung*, 23. Jg. (1983), Heft 1.
12 Die besondere Krisenklientel der Steuerpolitik wird durch die unteren Etagen der Mittelschicht gebildet. Deren durch die inflationäre Entwicklung hochgetriebenen Gehälter und Einkommen werden durch die Steuerprogression, in die sie automatisch geraten, aufgezehrt. Zugleich repräsentieren sie jene Schichten, die mehr an direkten Steuern und Abgaben zu zahlen haben, als sie selbst an monetären Leistungen vom Staat empfangen. Dadurch wird der Eindruck genährt, daß sie mit ihrem Geld einen Wohlfahrtsstaat finanzieren, dessen Segnungen ihnen zugleich wegen ihres Brutto-Einkommens nicht zukommen. Freilich haben Analysen der nordamerikanischen Steuerpolitik nachgewiesen, daß der konkrete Umverteilungsaspekt, der in der Folge dieser Steuersparpolitik erzielt wurde, in einem paradoxen Verhältnis zu den »poujadistischen« Impulsen jener Wählerschichten steht, die dieses konservative Programm erst möglich gemacht haben; vgl. dazu die Daten von Robert Lekachman, a.a.O. S. 71.
13 Eine andere, von neokonservativen Autoren gelegentlich als »Re-Indu-

strialisierung« bezeichnete Strategie besteht in der Erschließung, Förderung und Stützung von großtechnischen Industrieprodukten, die nicht mehr auf *individuelle* Verbraucherwünsche reagieren, die vielmehr den Kreislauf von Angebot und Nachfrage durch staatliche Aufträge, durch weitgehende Übernahme der Entwicklungskosten und durch Abnahmegarantien kurzschließen. Die Förderung der Rüstungsindustrie ist der reinste Fall einer solchen Strategie, die wegen ihres Volumens am stärksten ins gesamtwirtschaftliche Gewicht fällt. Die steuerungstechnisch analoge staatliche Produktion ziviler Infrastrukturgüter im Bereich der Energieversorgung, des Massenverkehrs und der Telekommunikation bietet darüber hinaus den Vorteil, daß neue Märkte für neue Typen von Konsumgütern gleich miterschlossen werden. Daß diese Variante der neokonservativen Wirtschaftspolitik trotz ihres großen Gewichts für die Konjunkturbeeinflussung einen so geringen Stellenwert in der neukonservativen ideologischen Programmatik hat, ist evident. Repräsentiert sie doch das Paradox eines »rechten Keynesianismus«, d.h. einer defizitär finanzierten Förderung der Angebotsseite.

14 Vgl. dazu Allan H. Meltzer, *Monetarism and the Crisis in Economics*, in: Bell/Kristol, *The Crisis in Economic Theory*, New York 1979, sowie Henri Lepage, a.a.O. S. 201–228.

15 Vgl. dazu Peter H. Merkl/John E. Moore, *Reagan gegen Big Government. Entregelung, Dezentralisierung und Einschränkungen der Verwaltungsbefugnis*, in: Rüdiger Voigt (Hg.), *Abschied vom Recht?*, Frankfurt/M. 1983.

16 Vgl. dazu vorzüglich Johannes Berger, *Die Zukunft der Dualwirtschaft*, in: F. Benseler, R. G. Heinze, Arno Klönne (Hg.), *Zukunft der Arbeit*, Hamburg 1982.

17 Vgl. zur Übersicht über die verbreitetsten begrifflichen Unterscheidungen: Joseph Huber, *Die zwei Gesichter der Arbeit*, Frankfurt/M. 1984, S. 31–63.

18 Vgl. dazu Claus Offe, *Perspektiven auf die Zukunft des Arbeitsmarktes*, in: *Merkur*, Nr. 419, 1983, S. 497.

19 Vgl. dazu die Beiträge in dem von Thomas Schmid herausgegebenen Band *Befreiung von falscher Arbeit. Thesen zum garantierten Mindesteinkommen*, Berlin 1984, sowie André Gorz, *Wege ins Paradies*, Berlin 1983.

20 Vgl. dazu die grundsätzlichen Überlegungen von Christel Eckart in: *Die Entwicklung der Teilzeitarbeit zwischen 1960 und 1971. Versuch der Integration von Hausfrauen in die Lohnarbeit.* Teilbericht aus dem Projekt »Grenzen der Frauenlohnarbeit«, Institut für Sozialforschung, 1983 (Hektographierter Forschungsbericht des IfS).

Neue Klasse

Die erste zeitdiagnostische Sondierung neuer gesellschaftlicher
Entwicklungen ist selten mehr als der tastende Versuch, für die
Umrisse eines noch undeutlichen Objekts eine angemessene Begrifflichkeit zu finden. Meist läßt sich nur sagen, daß Phänomene
aufgetaucht sind, für die es in den vorhandenen kartographischen
Deutungen keinen Ort gibt. Deshalb wäre die Behauptung sicher
unredlich, es bestünde bereits eine »*nach*bürgerliche« Sozialstruktur. Gleichwohl existieren sozialstrukturelle Entwicklungen, die
vom idealtypischen Durchschnitt einer »bürgerlichen« Sozialstruktur so deutlich abweichen, daß die Frage nach der Angemessenheit herkömmlicher Kategorien nicht mehr abgetan werden
kann: Die »bürgerliche« Sozialstruktur war im wesentlichen gekennzeichnet durch die Verdrängung feudaler Standesvorrechte.
An deren Stelle trat eine am Individuum orientierte Marktrationa-
lität, die zum einzigen als legitim anerkannten Maßstab sozialer
Differenzierung werden sollte. Weil die bürgerliche Klasse jedoch
selbst über die Produktionsmittel verfügte, weil sie im Rahmen eines noch klassenspezifisch beschränkten parlamentarischen Systems die politischen Herrschaftsmittel kontrollierte und überdies
stark genug war, der jeweiligen Nationalkultur ihren Stempel auf-
zudrücken, war der in jenem universalistischen Maßstab ausge-
drückte Anspruch zugleich auch Ideologie.

In der neokonservativen Soziologie ist neuerdings der Versuch
unternommen worden, die noch im Nebel liegenden Umrisse
einer »nachbürgerlichen« Sozialstruktur mit einer suggestiven
Theorie der »Neuen Klasse« auf den Begriff zu bringen.[1] Dieses
Konzept setzt – ähnlich wie im Bereich der Kultur- und Demokratietheorie – an Tatbeständen an, deren empirische Geltung auch
von denen nicht bestritten wird, die deren spezifische Interpretation zurückweisen. Im Zuge der Expansion der Hochschulerzie-
hung, der Verwissenschaftlichung von Produktion, Politik und
Verwaltung, der weitreichenden Trennung von juristischem Besitz
an und managerialer Verfügung über Produktionsmittel, des
Wachstums des Dienstleistungssektors und der Herausbildung sozialstaatlicher Bürokratien sind gesellschaftliche Handlungsfelder
und soziale Statusgruppen entstanden, die sich herkömmlichen

bürgerlichen wie marxistischen Schemata hartnäckig entziehen. Die marxistische Orthodoxie versucht geltend zu machen, daß diese Gruppen nach wie vor von dem in der Produktion erzeugten Mehrwert alimentiert werden, und billigt ihnen allenfalls den Status von »Übergangsklassen« zu, die sich im Zuge einer fortschreitenden kapitalistischen Entwicklung in die »Grundklassen« von Kapital und Arbeit auflösen würden.[2] Konservative Sozialtheoretiker und altliberale Ökonomen bemühen sich, das Entstehen und den Machtzuwachs jener Statusgruppen als Ausdruck – einer prinzipiell korrigierbaren – politischen Fehlentwicklung zu interpretieren und zu begrenzen. Sie sind überzeugt davon, daß die spätkapitalistische Sozialstruktur durch Politiken der Re-Differenzierung von Fiskus und Markt und der »Re-Industrialisierung« der Produktionsentwicklung wieder auf den Pfad einer »liberalen« Logik zurückgeführt werden könnte.

Am Fall der »Angestellten« und der »Manager« sind ein Teil der für eine nachliberale Transformation der Sozialstruktur relevanten klassentheoretischen und ordnungspolitischen Argumente schon in den dreißiger und vierziger Jahren erprobt worden.[3] Die jetzt in Frage stehenden Statusgruppen sind indes nicht der Ausdruck einer veränderten arbeitsorganisatorischen und juristischen Struktur des kapitalistischen Produktionsprozesses, sondern vielmehr Ausdruck des gewachsenen Stellenwertes wissenschaftlicher Wissensformen für Politik, Verwaltung und Produktion hochentwickelter Gesellschaften.[4] Die zunehmende strategische Rolle wissenschaftlich-technischen Wissens auch für die herkömmlichen Produktionszweige, die wachsende gesamtökonomische Bedeutung rein wissenschaftsbasierter Industrien – etwa im Bereich der Mikroelektronik, der Kern- und der Gentechnologie –, aber auch die immer noch zunehmende Indienstnahme sozialwissenschaftlichen Expertenwissens für die Formulierung, Implementierung und Evaluation sozial- und wirtschaftspolitischer Programme, die Anwendung sozialpsychologischen und sozialpädagogischen Beratungs- und Kontrollwissens im Humandienstleistungssektor und schließlich die institutionalisierte Erzeugung wissenschaftlichen Wissens in Hochschulen und Forschungsanstalten, seine Lehre und massenmediale Diffusion haben neue Berufsfelder und Statusgruppen entstehen lassen, die bei aller Verschiedenheit ihrer Funktionen und Tätigkeitsbereiche doch eine gemeinsame Grundlage haben in ihrer professionellen Loyalität gegenüber den universalistischen Standards wissenschaftlicher Rationalität.

Die am Phänomen der »Angestellten« und der »Manager« interessierten Arbeiten der dreißiger und vierziger Jahre und die zeitgenössische – meist wissenssoziologisch orientierte – Intellektuellensoziologie hatten keinen Grund, voneinander Notiz zu nehmen. Nun haben aber der in den letzten Jahrzehnten stark gestiegene funktionale Stellenwert wissenschaftlich-rationalen Wissens und die dadurch initiierte, die Statusposition der wissenschaftlich-technischen Intelligenz begünstigende Transformation der Sozialstruktur zwei bisher separat betrachtete Entwicklungen in den Lichtkegel einer Fragestellung rücken lassen – die Frage nämlich nach der Möglichkeit eines Zusammenhangs zwischen den (im zweiten Kapitel diskutierten) Veränderungen in den kulturellen Grundlagen der entwickelten Wohlfahrtsstaaten und den Verschiebungen in ihrer Sozialstruktur. Die Pointe des neokonservativen Konzepts der »Neuen Klasse« besteht gerade in der expliziten kausalen Verknüpfung dieser beiden Entwicklungen.

Die neokonservativen Intellektuellen waren nicht die ersten Sozialwissenschaftler, die sich über den – sei es objektiv zugewachsenen, sei es bloß reklamierten – Elitenstatus der Intelligenz, ihren gesellschaftlichen und kulturellen Einfluß Gedanken gemacht haben. Die Intelligenz, d.h. ihr strategischer Stellenwert als »neue«, »nachindustrielle« Funktionselite, ihre politische Loyalität gegenüber der »alten« Mittelschicht oder ihre Orientierung an den Interessen des Proletariats bzw. ihr ständischer Egoismus, das Spannungsverhältnis zwischen ihren wissenschaftlich-technischen und ihren kulturellen Segmenten sind immer wiederkehrende Themen seit der Französischen Revolution. Wenn man diesen Diskurs der Intellektuellen über sich selbst als Ganzes in den Blick nimmt, fällt zunächst auf, daß die politisch-moralischen Bewertungen ihres eigenen Elitenstatus quer liegen zum Rechts/Links-Kontinuum politischer Richtungstraditionen. Es gibt sowohl die Tradition eines sozialistischen Elitismus als auch die Linie einer ausgeprägten sozialistischen Intellektuellenkritik; es finden sich sowohl jungkonservativ inspirierte, affirmative Elitetheorien als auch eine altkonservative, auf die Theoretiker der Gegenrevolution zurückgehende Tradition der Intellektuellenkritik. Nach einer Anregung von Michael Harrington lassen sich diese Positionen auf das folgende Schema bringen:[5]

	links	rechts
positiv	Saint-Simon Marx Kautsky Lenin etc. A	Pareto Mosca Spengler Moeller v. d. Bruck C
negativ	Bakunin Machajskij Shachtman Djilas Konrád/Szelényi B	Burke Laswell Schumpeter Aron NEOKONSERVATIVE D

A. Saint-Simon steht am Beginn der Tradition des *sozialistischen Elitismus.* Die zentrale Unterscheidung von »Eigentum« und »Wissen« als konkurrierenden Prinzipien der Elitenrekrutierung wurde zur Selbstverständnisgrundlage zahlreicher sozialistischer Intellektueller, die für sich in Anspruch nahmen, kraft ihrer kognitiven Kompetenzen und ihrer moralischen Identifikation mit dem Proletariat das Interesse mit dem höchsten Verallgemeinerungsanspruch *anwaltschaftlich* zu vertreten. Eine solche Sichtweise inspirierte nicht nur Veblens Gesellschaftskritik oder Burnhams Diagnose der »managerial revolution«, sondern hatte auch die leninistische Parteitheorie bestimmt und das Selbstverständnis der intellektuellen »Parteiarbeiter« in den sozialistischen Gewerkschaften und Parteien der Zweiten Internationale.

B. Die entscheidende Schwachstelle eines solchen Selbstverständnisses besteht in der Gefahr, daß die Intellektuellen das von ihnen definierte allgemeine Interesse nur als Vehikel zur Durchsetzung ihrer eigenen Partikularinteressen benutzen. Auf diese Schwachstelle hat sich besonders die *anarchistische Kritik der institutionalisierten sozialistischen Bewegungen* konzentriert. Deren grundlegende Argumente sind schon vor der Oktoberrevolution entwickelt worden, besonders in Bakunins Schriften. Der polnische Sozialist Jan Waclav Machajskij, dessen Ideen durch die Schriften von Max Nomad in den zwanziger Jahren in den USA bekannt wurden[6], machte geltend, daß ein realisierter Sozialismus Gefahr läuft, an die Stelle der Herrschaft der Bourgeoisie die Klassenherrschaft der Intelligenz zu setzen. Zeitgenössische Repräsentanten dieser Linie einer anarchistischen Selbstkritik der sozialistischen Intelligenz sind Milovan Djilas und neuerdings vor allem György Konrád und István Szelény.

C. Pareto war der Begründer einer *affirmativen Soziologie der Eliten*. In seiner ausdrücklich antidemokratischen Anthropologie wird der Impuls der anarchistischen Intellektuellenkritik zynisch radikalisiert. Jede anwaltschaftliche Vetretung allgemeiner Interessen sei a priori die Maske partikularer Interessen; alle den modernen Verfassungsstaat kennzeichnenden egalitären Normen seien nur raffinierte, von herrschaftssüchtigen Eliten in die Welt gesetzte Mythen, um ihnen selbst den Weg zur Macht zu bahnen. Auch in der neueren sozialstrukturellen Karriere der wissenschaftlichen Intelligenz hätte Pareto gewiß nur eine zeitgenössische Variation seines anthropologischen Gesetzes der Zirkulation der Eliten sehen können. Pareto ist der reflektierteste Fall eines besonders in der vorfaschistischen Ära in Europa weit verbreiteten *existentialistischen Elitismus.*

D. Die vierte Traditionslinie wird durch die *konservative (Selbst-) Kritik der Intelligenz* gebildet. Für sie hat Peter Steinfels den Begriff der »counter-intellectuals« vorgeschlagen.[7] Der Topos der »zersetzenden« und »herrschaftssüchtigen« Intelligenz gehört seit den Denkern der Gegenrevolution zum Standardrepertoire konservativer Sozialkritik. Besonders Schumpeter hat – neben Charles Peguy, Harold Laswell, George Orwell und Raymond Aron – diesen Topos in bezug auf die Verhältnisse des entwickelten Kapitalismus zugespitzt. Der kurze Abschnitt über die »Soziologie der Intellektuellen« in seinem Buch *Kapitalismus, Sozialismus und Demokratie* bildet für die gegenwärtige neokonservative Intellektuellenkritik vielfach den Anknüpfungspunkt.[8]

Nach Joseph A. Schumpeter sind die Existenz und der politische Einfluß systemkritischer Intellektueller ein Spezifikum der kapitalistischen Gesellschaftsordnung. Die bürgerlichen Gesellschaften eigentümliche rechtsstaatliche Beschränkung der staatlichen Souveränität bildet die Grundlage für die privatrechtlich geregelten Wirtschaftsbeziehungen *und* für die Freiheit intellektueller Kritik: »Dadurch, daß die Bourgeoisie die Intellektuellen als Gruppe verteidigt ..., verteidigt sie sich selbst und ihre Lebensform« (1950, 243). Durch ihre Verfügungsmacht über die Produktionsmittel des geschriebenen und des gesprochen Wortes werden die Intellektuellen zu einer hinreichend homogenen gesellschaftlichen Gruppe, ohne freilich eine – den Bauern oder Industriearbeitern vergleichbare – Klassenidentität zu besitzen. Ohne »Kenntnisse aus erster Hand« in der materiellen Produktion, ohne »direkte Verantwortlichkeit für praktische Dinge« (1950, 237) könnten Intellektuelle das Bewußtsein einer eigenständigen gesellschaftlichen Funktion nur in der Kritik an den Legitimitätsgrundlagen der jeweiligen politischen Ordnung ausbilden. Somit erzeuge die rechtsstaatliche Verfassung der kapitalistischen Ordnung – in der Gruppe der systemkritischen Intellektuellen – zugleich die Tendenzen ihrer eigenen Aufhebung.

Nach Daniel P. Moynihan ist die sogenannte »Neue Klasse« nur das schichtensoziologische Folgeproblem eines verwissenschaftlichten Politik- und Verwaltungsstils.[9] Für diesen neuen Stil prägte er die suggestive und seither verbreitete Formel der »Professionalisierung der Reform«. Sie variiert zunächst nur die Technokratiethese: Sie soll besagen, daß politische Reformanstöße im durchstaatlichten Kapitalismus nicht mehr »von außen« kommen, d.h. von den potentiellen Opfern krisenhafter Entwicklungen, sondern »von innen«, d.h. von den in Behörden darauf spezialisierten Professionen. Diese Verkehrung der Reformimpulse beruhe auf einem exponentiell gewachsenen sozialwissenschaftlichen Wissen und der Entstehung von Expertengruppen, die für den politikbezogenen Umgang mit sozialwissenschaftlichen Daten, Deskriptionen und Theorien ausgebildet worden sind. In einer späteren Fassung jener Veröffentlichung, in der Moynihan den Begriff der »Professionalisierung der Reform« prägte, gibt er diesem eine bezeichnende Wendung. »Professionalisierung der Reform« bezeichnet nun die These, daß die ständischen Sonderinteressen der auf Sozialprobleme spezialisierten Berufsgruppen die entscheidende Triebkraft für politische Reforminitiativen sind. So seien etwa die Impulse für die umfassenden Reformprogramme der Johnson-Administration nicht von der Regierung ausgegangen und auch nicht – wie die bekannten Analysen von Piven und Cloward nahelegen – von den

Betroffenen, sondern von den Standesorganisationen der Sozialarbeiter, der Soziologen, Psychologen, Psychiater und Sozialpädagogen. Ähnlich wie Schelsky behauptet Moynihan, daß die Kategorie der »Betroffenen« nur ein ideologischer Kampfbegriff sei, der das gruppenegoistische Interesse ständisch organisierter Sozialberufe an öffentlichen Mitteln und politischem Einfluß verschleiern soll.

Die vulgärste Version der Theorie der »Neuen Klasse« hat Irving Kristol formuliert.[10] Bei den seriösen neokonservativen Sozialwissenschaftlern ist sie auf deutliche Kritik gestoßen. Freilich werden in ihrem simplen Zuschnitt die bestimmenden Motive dieses Theoriestücks deutlich. Kristol rechnet alle im tertiären und quartären Sektor neu entstandenen Berufsgruppen, alle Angehörigen der publizistischen, geistes- und sozialwissenschaftlichen Intelligenz der sogenannten »Neuen Klasse« zu. Die Sozialwissenschaftler und die Ständeorganisationen der Sozialberufe seien jedoch ihre Speerspitze, ihre Domäne sei der öffentliche Dienst. Das Klassenbewußtsein der Mitglieder der »Neuen Klasse« sei stärker als ihre individuelle Karriereorientierung. Der von ihnen propagierte Ausbau des Wohlfahrts- und Interventionsstaates sei identisch mit der Erweiterung ihrer Klassenmacht. Ihr Kampfziel sei die Transformation des entwickelten Kapitalismus in ein planwirtschaftliches System, durch das sie eine totalitäre Erziehungsdiktatur bolschewistischen Musters errichten wollten.

Für Irving Kristol ist die neuere politische Kultur bestimmt durch einen Klassenkampf des dritten und vierten Sektors gegen die unmittelbar produktiven Sektoren der Ökonomie. – Aaron Wildavsky glaubt die Ökologiebewegung in einem ähnlichen Sinne *klassentheoretisch* erklären zu können.[11] Deren wichtigsten Forderungen wie etwa die Einschränkung des Individualverkehrs zugunsten des Massenverkehrs, des Natur- und des Umweltschutzes etc. läge keineswegs, wie weithin angenommen wird, ein Allgemeininteresse zugrunde, sondern sie entsprängen dem Sonderinteresse der »Neuen Klasse«, die über den Umweg öffentlicher Mittel und staatlicher Restriktionen den Statusnachteil ausgleichen wolle, den sie gegenüber der finanzstarken »alten« Mittelschicht immer noch hat. Diese sei nämlich reich genug, um sich reine Luft und sauberes Wasser *privat* zu leisten. Die gesamte Debatte um die Ökologieproblematik sei nur eine Chiffre für einen verdeckten Klassenkampf der »neuen« gegen die »alten« Mittelschichten –

und zwar unter Bedingungen, in denen, wie Fred Hirsch überzeugend nachgewiesen hat, die wohlfahrtsstaatliche »Demokratisierung« privat genutzter Gebrauchswerte an ihre Grenzen gestoßen ist.

Helmut Schelsky hat das Phänomen der von seinen amerikanischen Kollegen und Gesinnungsgenossen so genannten »Neuen Klasse« zum Angelpunkt einer umfassenden, zeitdiagnostisch zugespitzten Gesellschaftsdeutung gemacht.[12] Er geht davon aus, daß der den »alten« Kapitalismus kennzeichnende Klassengegensatz von Kapital und Arbeit durch die Entwicklung des Wohlfahrtsstaates, durch die liberale Demokratie und durch das Koalitionsrecht der Gewerkschaften aufgehoben worden sei. Wie ein politischer Ökonom *vor* Marx spricht er von der Klasse der »Produzenten«, unter die er die Manager, die Arbeiter und die Anteilseigner faßt. Ihr stellt er die Gruppe oder die Klasse der »Intelligenz« gegenüber. Deren quantitatives Wachstum verdanke sich dem Bedeutungsanstieg der gesellschaftlichen Funktionen des »Betreuens«, des »Beplanens« und der »Belehrung« – also der staatlichen Organisierung der sozialen Hilfe, der sozialwissenschaftlichen Rationalisierung der Politik und den ausgebauten Agenturen der Wissensproduktion und der Wissensvermittlung.

Schelskys Pointe besteht darin, daß der einen neuen Klassengegensatz aufrichtende Machtzuwachs der Intelligenz weniger in der (zugestandenen) Unverzichtbarkeit ihrer funktionalen Leistungen begründet ist. Seine Kritik richtet sich dagegen, daß diese Gruppierungen sich nicht mit dem sozialen Status und politischen Einfluß bescheiden, der ihnen kraft dieser Leistungen zukäme. Mit ihrer – aus der Sicht funktionaler Imperative überflüssigen – professionellen Fähigkeit zur sinnhaften Orientierung stießen sie vielmehr auf ein Terrain vor, das durch die Erosion traditionaler Orientierungs- und religiöser Weltdeutungssysteme gleichsam herrenlos geworden war: Das die kulturelle Moderne kennzeichnende Sinndefizit mache sich die sozialwissenschaftliche Intelligenz für ihre eigenen Herrschaftsabsichten zunutze. Somit würde sie zur Klasse der »Sinnvermittler« und »Heilslehrer«, die sich zur Klasse der materiellen »Produzenten« in Gegensatz stellt. Eigentlich sei der Konflikt dieser Klassen mehr als ein Klassenkonflikt. Er sei eine Reprise des »Widerstreits von geistlicher und weltlicher Herrschaft in einem modernen Gewande«. Die sozialwissenschaftliche Intelligenz sei ein »neuer Klerus«. Schelskys Zuschreibung »totalitärer« Herrschaftsabsichten an den sogenannten »neuen Klerus« ist nicht nur Ausfluß seiner von Pareto inspirierten Anthropologie der Eliten, der zufolge jede gesellschaftliche Gruppe ihre Statusvorteile skrupellos zu maximieren versucht. Nachdem die traditionalen Weltdeutungssysteme ihre verbindliche alltagsorientierende Kraft verloren hätten, sei – so Schelsky – das *objektive* Problem entstanden, im Rahmen welcher kulturellen Sinnorientierung überhaupt noch die Legitimität der politischen und gesellschaftlichen Ordnung zu fundieren sei. Dieses objektive Dilemma stellt die moderne Intelligenz vor den fundamentalen Interessenkonflikt, ob sie die funktionalen und moralischen Imperative der Sphäre der materiellen Produktion akzeptiert und ihnen gegenüber in ein geistespolitisches Dienstleistungsverhältnis tritt oder ob sie ihrerseits eigene normative Ansprüche und kulturelle Imperative aufrichtet, denen sich die sozialen Träger der materiellen Produktion zu unterwerfen haben.

Die hier exemplarisch vorgeführten Modelle des neokonservativen Konzepts der »Neuen Klasse« fügen sich nicht zu einer konsistenten Theorie, welche den »nachbürgerlichen« Kulturwandel und Tendenzen zu einer »nachbürgerlichen« Sozialstruktur in einer durchsichtigen Weise zueinander in Beziehung setzt. Die Vagheit der empirischen Bezüge, die auf publizistische Effekte schielenden Überpointierungen und logischen Inkonsistenzen machen es unmöglich, dieses Stück neokonservativer Gesellschaftslehre in einem Zugriff zu kritisieren.

Gleichwohl zeigen die verschiedenen Versionen dieses Theoriestücks eine einheitliche gesellschaftstheoretische *Perspektive* – und zwar die eines bürgerlichen Materialismus, der kulturelle Wandlungsprozesse nicht aus sich selbst, sondern aus sozialstrukturellen Verschiebungen erklärt. Zugleich konzentriert sich die *Krisendiagnostik* auf die Statusgruppen und Tätigkeitsfelder im Humandienstleistungssektor – auch wenn manche Autoren Teile des tertiären Sektors einbeziehen. Alle Theoretiker der »Neuen Klasse« betonen, obwohl sie selbst Mitglieder der sozialwissenschaftlichen Intelligenz sind, ihre *klassenpolitische Loyalität* gegenüber der durch ökonomische Interessen und gemeinsame Wertorientierungen definierten »alten« Mittelschicht. Schließlich eint diese Ansätze die *normative Grundüberzeugung,* daß nach dem Zerfall traditionaler Deutungssysteme die Intellektuellen lernen müssen, sich mit der schwachen selbstlegitimierenden Kraft zweckrational versachlichter Funktionszusammenhänge zu bescheiden.

Die Unzulänglichkeit der vulgären Version des Konzepts der »Neuen Klasse« entspringt jener Perspektive, die kulturelle und sozialstrukturelle Wandlungsprozesse einfach in ein kausales Verhältnis setzt. Viele Gruppen des dritten Sektors und des stark gewachsenen vierten Sektors werden – unter souveräner Mißachtung aller Standards der Schichtungsforschung – zu einer einheitlichen »Klasse« stilisiert, wobei das Kriterium, das die Beweislast dieser Einstufung zu tragen hat, das des kulturellen Bewußtseins dieser »Klasse« ist. Es geht also, was erklärt werden soll, in die Definition des erklärungsbedürftigen Phänomens ein. Nicht nur diese Widersinnigkeit der kategorialen Anlage widerlegt diese Version der Theorie der »Neuen Klasse«. Ihr widersprechen auch alle von der empirischen Politikwissenschaft vorgelegten Meinungsprofile, nach der die der »Neuen Klasse« zugerechneten Statusgruppen hinsichtlich ihrer *kulturellen* Wertorientierungen und ihrer *politisch-ökonomischen* Interessenlagen keinen einheitlichen Bereich bilden. »Postmaterialistische« Wertorientierungen wie die Neigung zu permissiven Erziehungsformen, expressiver Selbstverwirklichung und partizipativen Entscheidungsverfahren finden sich auch bei höheren Angestellten, Ingenieuren und Wissenschaftlern; aber das bedeutet nicht, daß diese Statusgruppen auf einer – durch ökonomisch-politische Interessenlagen definierten – Rechts-/Links-Skala als »links« eingestuft werden könnten. Erklärungsbedürftig an der Sozialstruktur des nachliberalen Kapitalismus ist gerade die relative Entkoppelung kultureller Mentalitäten und ökonomischer Interessenlagen. Das kulturelle Bewußtsein von Arbeitern nach der Auflösung proletarischer Milieus oder das Bewußtsein von Angestellten, die in ihrer Freizeit gegenkulturellen Aktivitäten nachgehen, läßt sich nicht mehr mit einem eindimensionalen Schema erfassen. Die relative Entkoppelung von ökonomischen Interessenlagen und kulturellen Attitüden könnte zureichend nur durch eine dreidimensionale Sozialstruktur abgebildet werden. Bell hat im Anschluß an Richard Hofstedter vorgeschlagen[13], die klassische, durch ökonomische Interessenlagen definierte Rechts-Links-Skala um eine vertikale Dimension zu erweitern, die kulturelle Einstellungen berücksichtigt. Radikaler sind die Arbeiten von Pierre Bourdieu, der in seiner sozialstrukturell angelegten Theorie der Kultur mit räumlichen Bildern der Sozialstruktur arbeitet.[14]

Das genannte Problem der theorielogisch widersprüchlichen und empirisch vagen Bestimmung der sogenannten »Neuen Klasse« vermeiden die schwächeren Versionen jener Theorie, die ihre Aussagen von vornherein auf die Statusgruppen des Humandienstleistungssektors beschränken. Freilich erkaufen sie diesen Zugewinn an Seriosität mit einem erheblichen Verlust an publizistisch verwertbarer politischer Dramatik. Der vierte Sektor umfaßt eindeutig abgrenzbare Status- und Tätigkeitsgruppen. In der Forschung ist unumstritten, daß Sozialarbeiter, Sozialpädagogen, Psychologen etc. in einem auffällig starken Maß Träger »postmaterialistischer« Wertorientierungen sind – sofern man zur Erklärung ihrer differentiellen Verbreitung die Variable des Berufs heranzieht. Schelsky begründet diese berufsgruppenspezifische Häufung gegenkultureller Orientierungen mit einer den »Sozial«- und »Sinnberufen« unterstellten kulturrevolutionären Herrschaftsabsicht. Wenn man indes einem Argumentationsgang von Claus Offe folgt, läßt sich das unbestrittene Faktum, daß die Berufsgruppen im Bereich personenbezogener Dienstleistungen in einem stärkeren Maße als andere Träger postacquisitiver Orientierungen sind, ohne Schelskys verschwörungstheoretische Unterstellungen interpretieren.[15] Das starke Wachstum des vierten Sektors erklärt Offe mit einer »Logik der Wiederkehr des Verdrängten«: sowohl die sozialräumliche Durchsetzung als auch die intensive Verdichtung der der kapitalistischen Betriebsförmigkeit eigenen Zweckrationalität verdrängen sukzessive viele Momente jener »lebensweltlichen«, »irrationalen« Reproduktion der Arbeitskraft, die in den frühindustriellen Phasen des Kapitalismus noch bestimmend waren. D.h., viele Formen der Pflege, der lebenspraktischen Solidarität, der wechselseitigen Nothilfe und emotionalen Stützung werden aus der Unmittelbarkeit der Produktionssphäre verbannt. Aber das bedeutet nicht, daß eben diese *Funktionen* der Reproduktion von Arbeitskraft im Zuge der Durchkapitalisierung der Gesellschaft »vernichtet« und »verzehrt« würden. Die steigenden psychosozialen Kosten dieser Durchkapitalisierung werden vielmehr zur Entstehungsdeterminante therapeutischer, pädagogischer und beratender Berufsgruppen. Somit ist erklärlich, daß diese für die Stabilisierung der »lebensweltlichen« Randbedingungen des Arbeitsprozesses unverzichtbaren Professionen zum sozialen Träger einer »anti-produktivistischen«, »materialen« und »postacquisitiven« Rationalität werden, die die herkömmlichen Werte der

Leistung, der Effizienz, der materiellen Sicherheit etc. im Namen von Selbstverwirklichung, Partizipation und Lebensqualität kritisieren.

Das primär zu polemischen Zwecken ersonnene neokonservative Konzept der »Neuen Klasse« hat ähnlich wie die anarchistische Professionalisierungskritik eines Ivan Illich daran erinnert, daß die Standesorganisationen der sozialen Berufe in einem entwickelten Wohlfahrtsstaat oft zum entscheidenden Auslöser sozialpolitischer Reformen werden. Somit geraten sie leicht in den Verdacht, das von ihnen anwaltschaftlich reklamierte »öffentliche Interesse« als Vehikel ihrer individuellen Karriere und/oder ihrer kollektiven Statusinteressen zu mißbrauchen. Die Parallele zwischen der Argumentation eines Ivan Illich und der der Neokonservativen hat freilich eine eindeutige Grenze. Jener kritisiert z.B. den ständischen Egoismus medizinischer Experten im normativen Licht eines prinzipiell identifizierbaren allgemeinen Interesses. Diese Annahme eines zumindest latent vorhandenen und durch politische Aufklärung evozierbaren allgemeinen Interesses ist das universalistische Erbe der sozialistischen Tradition. Für die neuen Konservativen dagegen bereitet allein schon die Denkfigur des politischen Universalismus den Weg zum Totalitarismus. In ihrem Hobbesschen Weltbild ist politische Ordnung a priori nicht anders möglich denn als staatlich eingehegter Bürgerkrieg partikularer Interessen. Darum gilt ihre klassenpolitische Loyalität entschieden jener »alten« bürgerlichen Mittelschicht, die kraft ihrer ökonomischen Interessen die Stabilität eines »liberalen« Status quo verbürgt.

Die weitestreichende neokonservative Kritik an der sogenannten »Neuen Klasse« hat Helmut Schelsky im Vorwurf der »Priesterherrschaft« formuliert. In einer kulturgeschichtlichen Epoche, die durch die abnehmende Orientierungskraft traditionaler Deutungssysteme gekennzeichnet sei, würde das Monopol der Intelligenz auf die Produktionsmittel der Sinnstiftung zur Basis einer neuen »Klerikerherrschaft«. Erst einem zweiten Blick erschließt sich, daß dieses Argument einen klassischen Topos theologischer Antikritik in den Dienst einer soziologischen These stellt. Dieser theologische Kritiktopos versucht, dem säkularisierten Deutungsmuster seine Legitimität eben durch den Nachweis streitig zu machen, daß es sinnhafte Orientierungsleistungen übernommen hat, die legitimerweise nur durch theologische Welterklärungen geleistet werden könnten. Die (nachgewiesene) Identität der *Funktion* in einem Orientierungsgefüge – so die Logik des Arguments – diskreditiere den Säkularisierungsanspruch des neuen *Inhalts*.[16] Ein klassisches Exempel dieses Topos ist Karl Löwiths bekannte These, wonach der Historische Materialismus nichts anderes als eine säkularisierte Eschatologie sei. Andere Beispiele finden wir in der politischen Theorie christlicher Soziallehre, wenn sie in der kontrafaktischen Stabilisierung religiöser Sinnreste das einzige Heilmittel gegen totalitäre Ideologien sieht.

Sicherlich ist keine moderne sozialtheoretische Gesellschaftserklärung, allein aufgrund ihres *Inhalts*, gegen fundamentalistische Fallgruben und – tendenziell totalitäre – Überdehnungen ihrer Erklärungsansprüche gefeit. Gerade Schelsky sollte man nicht an die geradezu religiöse Überinterpretation der Staatsautorität in der konservativen deutschen Staatsrechtstradition erinnern müssen. Und wir erleben in den USA gegenwärtig die Renaissance eines ideologiepolitischen Genres, das den Geist des Kapitalismus wieder zum Angelpunkt einer religiösen Welterklärung machen möchte.[17] Nicht der spezifische Erklärungs*inhalt* und auch nicht die – gegenüber theologischen Vorläufern beibehaltene – Identität der Erklärungs*funktion* lassen eine moderne Sozialtheorie auf die schiefe Ebene parareligiöser Welterklärung abgleiten. Es sind vielmehr – und dies ignoriert Schelsky beharrlich – die fundamental veränderten *formalen* Bedingungen moderner Sinnproduktion. Die Logik genuin moderner Formen der Konstitution sozialer Orientierungsmuster besteht gerade darin, daß unbefragte Autoritätsansprüche nicht zugelassen werden. Argumente haben Geltung unabhängig von der sozialen Autorität ihres Proponenten. Prinzipiell jede Behauptung unterliegt formalen Rechtfertigungsauflagen. Niemand darf aus Gründen, die in seiner Person liegen, vom Beratungsprozeß ausgeschlossen werden. Die Urteilskompetenz eines *jeden* Individuums ist das Nadelöhr, durch das alle Herrschaftsanmaßungen hindurch müssen.[18] Auch Gouldner meint, daß der sozialwissenschaftlichen Intelligenz – kraft ihrer professionellen Übung im Umgang mit Problemen sinnhafter Orientierung – in nachtraditionalen Gesellschaften tendenziell eine sozialstrukturelle Schlüsselrolle zufällt. Wenn das tatsächlich so ist, gründet sich diese Schlüsselrolle nicht auf eine untergründige Kontinuität zu vormodern-theologischen Formen der Welterklärung, sondern auf das, was ihre wesenhafte Differenz zur traditionalen Sinnkonstitution ausmacht – nämlich auf die professionelle Spezialisierung im Umgang mit einer im Ganzen reflexiv gewordenen Kultur.

Die nordamerikanischen Neokonservativen zögern nicht, offen zuzugeben, daß die sozialstrukturellen Kennzeichnungen und politischen Absichtszuschreibungen, die sie an der »Neuen Klasse« vollziehen, Attribute versammeln, die auf sie selbst exakt zutreffen. [19] In den USA und in der Bundesrepublik stellen sie die in der wissenschaftlichen Politikberatung dominierende Gruppe. Dies gilt in einem Ausmaß, daß eine durch politisch-administrative Zwecksetzungen in Regie genommene Sozialwissenschaft und der sozialwissenschaftliche Neokonservatismus fast zu Synonymen geworden sind. Die Neokonservativen betrachten es als ihre historische Mission, die aus dem bürgerlichen Werthorizont ausgewanderten Mitglieder der »Neuen Klasse« wieder auf diesen zu verpflichten. Auf diesen Kern läßt sich die wissenschafts*politische* Stoßrichtung des Konzepts der »Neuen Klasse« reduzieren.

Dieser Kern tritt zu Tage in einer Standesethik sozialwissenschaftlicher Politikberatung. Diese Standesethik ist eine Radikalisierung von Max Webers »Verantwortungsethik«. Moderne Gesellschaften seien unendlich voraussetzungsvolle, zerbrechliche, in ihrer Komplexität niemals berechenbare und prinzipiell *nicht* theoriefähige Gebilde. Dem entspricht ein Bild des sozialen Wandels, nach dem dieser nicht etwa Resultat der Auseinandersetzung bewußt handelnder kollektiver Akteure um die Richtung der Gesellschaft ist, sondern ein quasi naturhafter, »subjektloser Prozeß« (Lübbe), der sich jedem Versuch einer deutenden, auf das Ganze bezogenen Rekonstruktion a priori entzieht. [20] Daraus ergibt sich dann die politische Grundeinschätzung, daß die negativen Nebenfolgen reformistischer Eingriffe in dieses überkomplexe Gefüge die intendierten positiven Effekte meist überwiegen. Diese impliziert die von Lübbe so genannte »Beweislastumverteilungsregel«. Diese Regel adressiert die These der »Legitimationskrise« einfach um und schickt sie an den Absender zurück. Legitimationspflichtig seien immer nur die kritischen, an Gesellschaftsveränderung interessierten Sozialwissenschaftler und nicht ihre konservativen Kollegen, deren Berufsehre gerade in dem Weberschen Stoizismus besteht, mit dem sie sich gesellschaftlicher *Gesamt*deutungen enthalten. Sie bescheiden sich ausdrücklich damit, für partikulare Fragestellungen und Zwecksetzungen, die von den politischen Eliten vorgegeben sind, ideologische oder sozialtechnische Dienstleistungen zu erbringen. Gemäß ihrer eigenen Kriterien sind sie dann erfolgreich, wenn die von ihnen beschafften Daten, Informationen und Deutungen zum sensibelsten Element des verwaltungseigenen Problemwissens geworden sind. Die neokonservativen Politikberater sind die »organischen Intellektuellen« der politischen Administration. In der von ihnen begonnenen Auseinandersetzung um die »Neue Klasse« geht es in letzter Instanz um die Frage, ob den politisch-administrativen Eliten der Gesellschaft ein Exklusivrecht in der politischen Wirklichkeitsdeutung und handlungspraktischen Zwecksetzung zukommt oder ob auch die Bilder, die Erfahrungen, die Lern- und Willensbildungsprozesse sozialer Bewegungen legitime Stimmen in der öffentlichen Reflexion politischer Ziele sind.[21]

Gegenüber dem in der ästhetischen Moderne entstandenen Typus der kritischen Bohèmeintelligenz ist derjenige Typus systemkritischer Intellektueller, auf den sich die ganze neokonservative Aufmerksamkeit richtet, definiert durch die weitgehende Unverzichtbarkeit seiner funktionalen Leistungen. Im Unterschied zu ihren Kollegen, die sich mit der Ausführung technischer Dienstleistungen bescheiden, sind Intellektuelle charakterisierbar durch eine *politische* Kompetenzerweiterung ihrer Berufsrolle. Ihren partikularen Beitrag zum Funktionieren des Ganzen nehmen sie zum Anlaß und zur Rechtfertigung, die Beziehung dieser Partikularität auf das Ganze – einer moralisch zu legitimierenden politischen Ordnung – öffentlich zu reflektieren. *Intellektuelle* sind sie, wenn der Bezug ihrer praktischen Tätigkeit auf deren politische und soziale Voraussetzungen selbst noch Bestandteil ihres berufsethischen Selbstverständnisses ist.

Ein Angehöriger der sozialwissenschaftlichen oder der naturwissenschaftlich-technischen *Intelligenz* wird zu einem *Intellektuellen*, indem er die ihm von seinen Auftraggebern angesonnene Rolle des Mittellieferanten nicht akzeptiert und Anstalten macht, auf den politischen Verwendungszusammenhang seiner Arbeitsergebnisse selbst Einfluß zu nehmen. Sartre nennt das einprägsame Beispiel der Kernforscher, die an nuklearen Waffen arbeiten.[22] Sie werden zu Intellektuellen, wenn sie sich zusammenschließen, um vor den Folgen eines Atomkrieges zu warnen. Ähnlich wird ein Arzt zu einem Intellektuellen, der z.B. das vermehrte Auftreten von Bronchialkrankheiten in den Zusammenhang einer politisch zu verantwortenden Belastung der Umwelt mit Schadstoffen rückt.

Eben dies zu verhindern bzw. die funktionale Tätigkeit der wissenschaftlichen Intelligenz strikt zu trennen von ihrer berufsethischen Reflexion ist der eigentliche Impuls jener neuen Variante konservativer Intellektuellenkritik. Sie stützt sich dabei vornehmlich auf Max Weber. Dieser hat in seinem Wertfreiheitspostulat ein positivistisches Bild der Wissenschaft mit einem dezisionistischen Bild der Politik verknüpft. Seine idealtypische Gegenüberstellung der rationalen Beamtenherrschaft und des politischen Führertums mündet in die These, daß zwischen der wissenschaftlich-rationalen Wirklichkeitsbetrachtung und der politischen Entscheidungspraxis eine qualitative Differenz besteht. Diese These liegt den zwei bestimmenden konservativen Grundpositionen in der Wissenschaftspolitik der Gegenwart zugrunde – der der »Dezisionisten« und der der »Technokraten«. Beide Positionen sind komplementäre Ausprägungen derselben Grundannahme – nämlich der eines instrumentalistischen *Verhältnisses* von Wissenschaft und Politik. Während die »Dezisionisten« meinen, daß wissenschaftliche Erkenntnisse für beliebige Zwecke in Regie genommen werden können, also neutral sind gegenüber der politischen Form ihrer Handhabung, unterstellen die »Technokraten« eine prinzipiell unbegrenzte Rationalisierbarkeit der Politik. Für sie ist eine Politik in dem Maße gute Politik, wie sie sich selbst zum »Diener«, zum »Instrument« einer als eigensinnig angesehenen »Sachrationalität« macht. Diese instrumentalistische Konzeptualisierung des Verhältnisses von Wissenschaft und Politik ruht auf den von Max Weber vorgegebenen Prämissen, daß der wissenschaftliche Erkenntnisgang, sofern er wirklich wissenschaftlich sein will, nur seiner immanenten Gesetzlichkeit gehorcht und somit der politisch-soziale Kontext dieses Erkenntnisgangs, d.h. seine politisch-sozialen Voraussetzungen und Folgen, immer eindeutig von ihm selbst isolierbar ist.

In den Sozialwissenschaften war diese instrumentalistische Verhältnisbestimmung schon immer falsch. Da zwischen wissenschaftlich gebildeten Kategorien und den Formen alltagspraktischer Selbstverständigung zwar ein großer Unterschied in der methodischen Disziplinierung, aber keine streng logische Differenz besteht, ist die Entgegensetzung von politischer Zwecksetzung und einer wissenschaftlichen Rationalisierung der Entscheidungsvoraussetzungen unhaltbar. Keine sozialwissenschaftliche Erkenntnis ist im strengen Sinne normativ neutral und keine »nur«

politische Entscheidungsreflexion ist ausschließlich irrational. Diese wissenschaftstheoretische Trivialität ist in der Folge der – durch die wohlfahrtsstaatliche Entwicklung – drastisch gestiegenen Nachfrage nach sozialwissenschaftlicher Politikberatung *wissenschaftspolitisch* deutlich geworden. Die Selbstreflexion der politisch angewandten Sozialforschung hat gezeigt, daß sozialwissenschaftliche Wissensformen integrale Elemente alltäglicher Wahrnehmungs- und Problemlösungsmuster geworden sind wie auch daß Politiker für wissenschaftliche Beratung nur in dem Maße empfänglich sind, wie der Wissenschaftler in seinen Vorschlägen dessen politische Präferenzen vorwegnimmt.

Aber auch in der naturwissenschaftlich-technischen Entwicklung ist in der Folge von Phänomenen, die gelegentlich unter dem Stichwort der »Superindustrialisierung« oder der »dritten industriellen Revolution« zusammengefaßt werden, der Komplex Wissenschaft/Technologie zur Politik in eine Konstellation getreten, die sich mit instrumentalistischen Konzepten nicht mehr beschreiben läßt. So hat die zeitliche, sachliche und soziale Größenordnung der Anwendung großtechnologischen Wissens in der modernen Energie- und Rohstoffversorgung, der militärischen Planung und in Massenverkehrssystemen das Verhältnis von *wissenschaftlicher* Voraussetzungsklärung und *politischer* Planung qualitativ verändert. Sowohl die oft kaum mehr reversiblen Folgen superindustrieller Infrastrukturentscheidungen als auch deren nur noch durch staatliche Kapitalhilfe möglichen Forschungs- und Entwicklungsprozesse und schließlich die apokalyptischen Folgen möglicher Störfälle bezeichnen ein Verhältnis des Wissenschaftssystems zum politischen System, das durch instrumentalistische Kategorien nur noch ideologisch zugedeckt wird. Ähnliches gilt für das Verhältnis der technischen zur sozialen Arbeitsorganisation. Der in hochkomplexen Fertigungs- und Produktionsformen sich ausdrückende Systemcharakter großtechnologischer Entwicklungen verhält sich nicht indifferent zu seinem sozialen Umfeld. Dieses selbst wird in einem Maße zur unmittelbaren Determinante der Sozialstruktur, daß zwischen wissenschaftlich-technischen und sozialen Aspekten der Produktion kaum noch unterschieden werden kann. Die von Max Weber selbst erlebte technisch-wissenschaftliche Revolution hatte es kraft der Eigentümlichkeit ihrer Technologie vielleicht noch erlaubt, die materiellen von den intellektuellen Produktionsvoraussetzungen zu trennen. Aber Mikroelektronik und Gentechnologie sind nicht mehr nur wissenschafts-*basierte* Produktionsverfahren. In ihnen sind Produktions- und wissenschaftliche Informationsprozesse zu einem integrierten System verschmolzen.

Heute nötigen also die reale Integration sozialwissenschaftlichen Wissens in viele Politikfelder und die durch die neuere naturwissenschaftlich-technische Entwicklung bewirkte Integrierung von Wissenschaft und Politik dazu, als *wissenschaftspolitisches* Problem anzuerkennen, was sich früher allenfalls in unverbindlichen Maximen individueller Verantwortung/darstellte: die politischen Folgen und Voraussetzungen wissenschaftlicher Arbeit sind von dieser nicht länger isolierbar. Darum ist es heute – in dem oben beschriebenen Sinne – wahrscheinlicher, daß Angehörige der wissenschaftlichen Intelligenz zu Intellektuellen werden. Das heißt freilich nicht, daß die wissenschaftliche Intelligenz zur neuen revolutionären Elite der Gesellschaft wird, auch wenn es manche empirische Indikatoren dafür gibt, daß gerade die berufsständischen Organisationen der Wissenschaftler höhere Protestbereitschaften zeigen. Es bedeutet zunächst nur, daß unter den Bedingungen einer hoch vergesellschafteten und somit objektiv politisierten Wissenschaft der politische Loyalitätsdruck auf die Intelligenz steigt.

In dem Sachverhalt, daß Intellektuelle sich einerseits durch ihren universalistischen Impuls von den Angehörigen einer bloßen Funktionselite unterscheiden, andererseits aber ihr politisches Gewicht durch ihre funktionalen Kompetenzen gewinnen, spiegelt sich ein für die Moderne grundlegender Widerstreit zwischen den technisch-funktionalen Imperativen der materiellen Reproduktion und den sinnhaften Legitimationsbedürfnissen der politischen Kultur. Dieser Widerstreit äußert sich gewöhnlich in wechselseitigen Perhorreszierungen von »Ideologen« und »Technokraten«.[23] Während den »Technokraten« vorgehalten wird, die technische Rationalität nur als ideologische Maske personaler Herrschaft in Anspruch zu nehmen, wird den »Ideologen« ein »parasitärer« Status unterstellt. Sie seien uneinsichtig gegenüber dem wachsenden Bestand rein sachlogischer Entscheidungsalternativen. Bei dieser oberflächlichen Betrachtungsweise geht die historische Dialektik sinnhaft-teleologischer und technisch-praktischer Wissensformen verloren. Nur in der vorhochkulturellen Form der Magie traten das Wissen um die strategische Manipulation von Naturereignissen und deren sinnhafte Deutung noch ungeschieden auf. Dagegen ist der Entwicklungsweg der frühen Hochkulturen bis zum Beginn der Moderne gekennzeichnet durch eine strukturelle Differenzierung von Religion und Technik. Der Begriff der *Säkularisierung* bezeichnet die Logik dieses Prozesses: Hochkulturelle Gesellschaften beginnen zu differenzieren zwischen den von Eliten getragenen Institutionen und den darauf bezogenen Rechtfertigungsschemata. Durch die Entwicklung der Produktivkräfte, die Erweiterung instrumenteller Verfügung über Naturereignisse wächst das Profanwissen bis hin zu Ansätzen einer theoretischen Wissenschaft. Das akkumulierte Profanwissen tritt in Konflikt mit einem bisher nur mythisch gestützten Weltbild, deren Rationalisierung es Zug um Zug erzwingt: Kosmogonien werden durch Kosmologien abgelöst, narrative Begründungen durch argumentative, theoretisches Wissen konkurriert mit mythischen Deutungen.

Konstitutiv für die bürgerliche Moderne ist also die »Entzweiung« zwischen einem durch theoretische Diskurse, experimentelle Erfahrung und ökonomische Zwecktätigkeit geschaffenen instrumentellen Wissen und jenen durch die Profanisierung zur Reflexivität gezwungenen Wissensformen, die Chancen zu einer sinnhaften Weltorientierung bieten. Das Phänomen moderner Politik entsteht erst in dem Spannungsfeld, das durch die vollendete Differenzierung von »Religion« und »Technik« aufbricht. Ihr wird die kontingent gewordene Dialektik von sachlich richtigen Mitteln der Gesellschaftsorganisation und wertrationaler Fundierung der Mittelwahl aufgebürdet. Die bestimmenden politischen Paradigmen der bürgerlichen und sozialistischen Tradition bestanden in eben dem Versuch, für die Dichotomie von Zweckrationalität und Wertrationalität *politische* Formen der Synthesis zu entwickeln.

1 Den besten Überblick über die zahlreichen Versionen dieses Konzepts bietet der von B. Bruce-Briggs herausgegebene Sammelband *The New Class?*, New York 1979.

2 So etwa Joachim Bischoff u.a. in *Jenseits der Klassen? Gesellschaft und Staat im Spätkapitalismus*, Hamburg 1981.

3 Vgl. Theodor Geiger, *Die soziale Schichtung des Deutschen Volkes*, Stuttgart 1932 und James W. Burnham *The Managerial Revolution*, New York 1941.

4 Diese These geht vor allem auf Daniel Bell zurück. Vgl. *Die nachindustrielle Gesellschaft*, Hamburg 1979, S. 169–242.

5 Vgl. Michael Harrington, *The New Class and the Left*, in: Bruce-Briggs, a.a.O.

6 Vgl. Max Nomad, *Rebels and Renegades*, New York 1932.

7 Vgl. Peter Steinfels, *The Neoconservatives. The Men Who Are Changing America's Politics*, New York 1979, S. 189.

8 Vgl. Joseph Schumpeter, *Kapitalismus, Sozialismus und Demokratie*, Stuttgart 1950, S. 235–251.

9 Vgl. D. P. Moynihan *The Professionalization of Reform*, in: *Public Interest*, Fall 1965, und *The Politics of Guaranteed Income*, New York 1973.

10 Vgl. Irving Kristol, *About Equality*, in: *Commentary*, Nov. 1972.

11 Vgl. Aaron Wildavsky, *Using Public Funds to Serve Private Interests: The Politics of the New Class*, in: Bruce-Briggs, a.a.O.; neuerdings auch zusammen mit Mary Douglas *Risk and Culture*, Berkeley 1982.

12 Vor allem in *Die Arbeit tun die anderen*, Opladen 1975.

13 In: *The New Class. A Muddled Concept*, in: Bruce-Briggs, a.a.O., S. 185f.

14 Vgl. Pierre Bourdieu, *Die feinen Unterschiede*, Frankfurt/M. 1983.

15 Vgl. Claus Offe, *Arbeit als soziologische Schlüsselkategorie?*, in: *Krise der Arbeitsgesellschaft*, hg. von J. Matthes, im Auftrag der Deutschen Gesellschaft für Soziologie, Frankfurt/M. 1983, S. 48f.

16 Eine vorzügliche Kritik dieses Topos formuliert Hans Blumenberg in: »*Säkularisation.*« *Kritik einer Kategorie historischer Illegitimität*, in: H. Kuhn/F. Wiedmann (Hg.), *Die Philosophie und die Frage nach dem Fortschritt*, München 1964.

17 Vor allem George Gilder, *Wealth and Poverty*, New York 1981.

18 Vgl. dazu vor allem A. W. Gouldner, *Die Intelligenz als neue Klasse*, Frankfurt/M. 1980, S. 55–80; dieses Buch ist der ausführlichste, nicht-konservative Titel zur sozialstrukturellen Karriere der Intelligenz. Es versammelt zahlreiche Einzelbeobachtungen, Argumente und Gesichtspunkte, leidet aber unter dem Mangel an argumentativen Einordnungskriterien.

19 So vor allem Jeane Kirkpatrick in *Politics and the New Class*, in: Bruce-Briggs, a.a.O.

20 Vgl. Hermann Lübbe, *Zwischen Trend und Tradition*, Osnabrück 1976.

21 Vgl. Helmut Dubiel, *Proletarisches Wissen und kritische Wissenschaft*, in: G. Böhme/M. v. Engelhardt (Hg.), *Entfremdete Wissenschaft*, Frankfurt/M. 1979, S. 221–228.

22 Vgl. Jean-Paul Sartre, *Mai 68 und die Folgen*, Hamburg 1975, S. 11.

23 Vgl. dazu Helmut Schelsky, a.a.O., S. 106ff.

Fortschritt

Das Wort »modern« zieht eine Grenze zwischen gestern und heute, zwischen dem neu Produzierten und dem dadurch außer Kraft gesetzten Alten. Die »moderne« Epoche begriff sich durch die permanente Trennung von ihrer Vergangenheit. Deren kontinuierliche Entwertung beruhte auf der evolutionistischen Gleichsetzung der Geschichte mit dem Wachstum jener kollektiven Fähigkeiten, Sozialstrukturen, Ressourcen und Techniken, derer eine Gesellschaft auf der jeweiligen Stufe ihrer Entwicklung bedurfte. Die vielfältigen *anti*-modernistischen Bewegungen, Strömungen und Impulse, die unsere Tage beherrschen, bezeichnen zunächst nur den Umstand, daß diese die »moderne« Gesellschaft begründende evolutionistische Überlegenheit der Zukunft über die Gegenwart, der Gegenwart über die Vergangenheit ins Wanken gekommen ist. Sollte es im dritten Jahrtausend noch einen Historiographen geben, der die Kulturgeschichte der achtziger Jahre schreibt, so müßte sich ihm – angesichts der Aktualität der Kategorie der »Moderne« – zwangsläufig die Metapher der Eule der Minerva aufdrängen. Das Bild jener Eule, die ihren Flug in der Dämmerung beginnt, erinnert daran, daß Epochen erst dann in die Phase der Selbstreflexion eintreten, wenn das sie bestimmende Potential erschöpft ist: die in dramatischen ökologischen Krisen sichtbar gewordene Naturschranke des Wachstums, die in den Köpfen vieler Menschen reale Gefahr nuklearer Weltvernichtung, die Strukturkrise kapitalistischer Ökonomien mit ihren noch nicht völlig überschaubaren Folgeproblemen für die politisch-soziale Integration der westlichen Massendemokratien, die Legitimitätsverluste ihrer politischen Institutionen, die Erosion traditioneller Merkmale des bürgerlichen Sozialcharakters – alle diese Entwicklungen würden sich in den Augen jenes Historiographen zum Szenario einer Gesellschaft fügen, die sich ihres eigenen – immer nur dynamisch, d.h. als Übergang von der Zukunft zur Vergangenheit gedachten – Status quo nicht mehr vergewissern kann.

In den avanciertesten Texten kritischer Gesellschaftstheorie wie der neokonservativ-bürgerlichen Soziologie deutet sich das negative Bewußtsein eines tiefgreifenden historischen Wandels an. *Negativ* nenne ich dieses Bewußtsein, weil es nicht von der positiven Vision oder Utopie einer – sei es postkapitalistischen, sei es postindustriellen-nachliberalen – Gesellschaft inspiriert ist, sondern von der diffusen Grundeinschätzung, daß die bestimmenden Integrationspotentiale spätkapitalistischer Gesellschaften erschöpft sind, ohne daß die Umrisse einer Alternative sichtbar wären. Jener Historiograph hätte das Paradox einer politisch-historischen Lage zu notieren, die zwar bereits genug Symptome produziert hat,um die Tauglichkeit überkommener Konzepte und Kategorien begründetem Zweifel auszusetzen, die zugleich aber noch zu undeutlich ist, um das an ihr »Neue« in einer eigenen Begrifflichkeit fixieren zu können.

Gerade in historischen Umbruchssituationen läßt sich eine intellektuelle und politische Kultur nicht mit der homogenen Entfaltung *eines* Prinzips erklären, sondern nur als umkämpfte Resultante gegenläufiger Tendenzen – als prekäres Parallelogramm widerstreitender Kräfte. In dieser Lage, für die immer wieder Gramscis Wort zitiert wird, daß das Alte stirbt und das Neue nicht geboren werden kann, wird das Verhältnis einer in ihren begrifflichen Selbstrepräsentationen erschöpften Gegenwart zu einer leeren Zukunft selbst zur Rationale des geistespolitischen Feldes – zur Diagonale des Kräfteparallelogramms. Auf der einen Seite der Diagonale formiert sich der neue Konservatismus, der das erreichte Niveau einer sozialtechnisch rationalisierten Gesellschaft auch wider deren Krisen durchhalten möchte, auf der anderen Seite der neue Irrationalismus, der die konstituierenden Prinzipien der modernen Welt insgesamt verwirft.

Die intellektuellen Repräsentanten des neuen Konservatismus verhalten sich konservativ zu einem in den Strukturen entwickelter kapitalistischer Gesellschaften eingefrorenen Fortschritt, d.h. einem Fortschritt in der formal rationalen Ausrichtung der sozialen Welt. Die von Neokonservativen emphatisch verteidigte, in der soziologischen Gesellschaftstheorie zu ihrem Selbstbewußtsein gekommene »bürgerliche« Rationalität wird im wesentlichen durch die folgenden Werte und Institutionen verkörpert: zunächst durch einen von kulturellen und politischen Zwecksetzungen entbundenen Selbstlauf technologischer und sozialtechnischer Entwicklung, sodann durch eine Produktionsweise, die das Privateigentum an Produktionsmitteln auch unter Bedingungen hoher Grade von Vergesellschaftung nicht antastet, durch eine prohibitive Ehtik, die moralische Motive mit den funktionalen Erfordernissen der Produktion kurzschließt, und schließlich durch ein von gesellschaftlichen Gruppen strikt getrenntes politisches System, in dem formal legitimierte professionalisierte Eliten kollektive Entscheidungen beraten und durchführen. Die neuen Konservativen betrachten es als ihre historische Mission, eine in ihrer Dynamik zum Abschluß gekommene und in den institutionellen Strukturen spätbürgerlicher Gesellschaften verwirklichte Rationalität gegen Tendenzen der Entdifferenzierung zu verteidigen.

Zu dieser politischen Festschreibung und autoritären Verteidigung eines auf technokratische Modernisierung reduzierten Fortschritts auf seiten der neuen Konservativen steht ein – gerade unter den kulturellen Eliten und der jungen Intelligenz verbreiteter – fundamental rationalitätskritischer Pessimismus und Nihilismus in einem Verhältnis auffälliger Komplementarität. Tag für Tag stoßen wir in Selbstverständigungstexten der alternativen politischen Kultur, in literarischen Produkten, im linksbürgerlichen Feuilleton und auch in der philosophischen Essayistik auf Dokumentationen einer irrationalistischen Mentalität, die die Krisenerfahrung neuerer Emanzipationsbewegungen so sehr dramatisiert, daß der Sinn eines kritischen Bezugs auf Strukturen der gegebenen Gesellschaft überhaupt bezweifelt wird. Beide komplementären Lager beziehen ihre Legitimität aus den Defizienzen der gegnerischen Position. Die neokonservative Intelligenz sieht in jenen irrationalistischen Strömungen lediglich das rekurrente Phänomen eines »neopopulistischen« oder »romantischen« Antimodernismus, während die intellektuellen Parteigänger des neuen Irrationalismus in der von den neuen Konservativen defensiv besetzten sozialen Welt nur die institutionelle Verkörperung eben jener Vernunft erkennen, die seit ihren Ursprüngen nichts anderes gewesen sei als ein instrumenteller Wille zur Macht.

In dieser Komplementarität zwischen dem neuen Konservatismus und dem neuen Irrationalismus tritt zunehmend das *normative* Potential in den Hintergrund, welches die bürgerlichen Revolutionäre, die Arbeiterbewegung und die Akteure zeitgenössischer sozialer Kämpfe inspiriert hat und inspiriert. In dieser neuen geistespolitischen Konstellation verblaßt also immer mehr das Bezugssystem, das eine moralische Kritik politischer Entwicklungen möglich macht. Die allgemeine Desorientierung bleibt aber nicht auf die normativen Potentiale beschränkt – sie erfaßt selbst die *kognitive* Topographie des politischen Feldes, jene Kriterien, die die Zuordnung politischer Inhalte zu politischen Richtungstraditionen erst erlaubt haben. Diese Topographie, d.h. die zur Bezeichnung politischer Richtungstraditionen gebrauchten Begriffe wie »rechts«, »Mitte« und »links« geht zwar auf die Sitzordnung in der Pariser Nationalversammlung zurück, ihren systematischen Maßstab bezog sie indes aus der Stellung zur Idee des historischen Fortschritts in der bürgerlichen Gesellschaft. In grober Vereinfachung ließe sich sagen: »Konservative« verteidigten die Restbestände vorbürgerlicher Elemente in Kultur, Politik und Ökonomie der bürgerlichen Gesellschaft. Einzig die »Liberalen« standen auf dem Boden von deren Rechts- und Wirtschaftsordnung. Dagegen waren »Sozialisten« von der Vorstellung geleitet, daß nur in einer *nach*bürgerlichen Ordnung die humanistischen Versprechen der bürgerlichen Revolution würden eingelöst werden können. Eine so einfache Unterscheidung politischer Richtungsbegriffe ist in den letzten Jahren deshalb schwierig geworden, weil eben jener Maßstab des »Fortschritts« undeutlich geworden ist. Ganz so einfach, wie oben demonstriert, war diese Bestimmung ohnehin nie, denn die oft pauschal so genannte »bürgerliche Gesellschaft« war ein vieldimensionales Phänomen – und die verschiedenen Richtungstraditionen waren somit auch dadurch bestimmt, welche dieser Dimensionen jeweils hervorgehoben wurde. So bezeichnet ihr Begriff nicht nur das komplexe Organisationsprinzip einer auf Privateigentum, Profit und formaler Rechtsgleichheit begründeten Wirtschaftsgesellschaft, sondern auch die Prinzipien republikanischer Rechtsgarantien und politischer Kommunikationsfreiheiten. Ihr Begriff enthält zugleich die Dimension einer aus dem säkularen Humanismus der Aufklärung hervorgegangenen Kultur, für die die Idee der individuellen Selbstentfaltung und kollektiven Selbstbestimmung leitend gewesen ist.

Es ist symptomatisch, daß die komplementären Strömungen des neuen Konservatismus und des neuen Irrationalismus die klassische Topographie politischer Positionen, freilich aus verschiedenen Gründen, der gegenwärtigen gesellschaftlichen Entwicklung für nicht mehr angemessen halten. Die Vertreter des neuen Konservatismus argumentieren auf der Basis einer innenpolitisch gewendeten Totalitarismustheorie. Diese Theorie hielt Stalinismus und Faschismus nur für unterschiedliche Ausprägungen eines identischen »totalitären« Herrschaftstypus, dem sie die »liberale Demokratie« entgegensetzten. Die »Rechts«-»Links«-Differenzierung gehört nach dieser Ansicht ins 19. Jahrhundert, während unsere Gegenwart beherrscht sei von der Positionsdifferenzierung einer »politischen Mitte« vs. einem »extremistischen« Rand. Die selbsternannten Vertreter der »politischen Mitte« reklamieren für sich eine sachrationale Politik, die sie von einer »ideologischen« abheben; die »Mitte« sei nicht homogen, sie sei vermittelt durch »rationale« Medien der Konfliktaustragung und des Interessenausgleichs. Viele intellektuelle Fürsprecher des neuen Irrationalismus halten die »Rechts«-»Links«-Unterscheidung für oberflächlich. In den gegenwärtigen Krisenphänomenen, besonders in den ökologischen sehen sie die – nur noch in mythischen Dimensionen begreifbare – Pathogenese der abendländischen Vernunft. Da sie die Zivilisationskritik der bürgerlichen Gesellschaft so tief ansetzen, daß die dort ausgebildete Idee des Fortschritts nur als Vehikel der Repression erscheint, gerät die Unterscheidung von »rechts« und »links« in den Schatten fundamentalerer Distinktionen wie »instrumentell« vs. »post-instrumentell«, »Sein« vs. »Haben«, »Patriarchat« vs. »Matriarchat«, »Leben« vs. »Tod« etc.

Wer hingegen die Frage nach der zeitgenössischen Angemessenheit der »Rechts«-»Links«-Topographie weder – wie die neuen Konservativen – für überholt hält noch – wie die neuen Irrationalisten – für oberflächlich, käme gleichwohl nicht umhin zu konzedieren, daß sich jene Topographie im Laufe der letzten Jahrzehnte verändert hat, und hätte anzugeben, wie er sich die Analyse dieser Veränderungen vorstellt. Ich will dies im folgenden an den beiden Polen des »Rechts«-»Links«-Kontinuums exemplarisch tun.

Der klassische politische *Konservatismus* hatte keinen angebbaren überhistorischen Gehalt. Gleichwohl gab es bei aller historischen Vielfalt seiner Erscheinungsformen *ein* Kriterium, anhand dessen sich konservative Orientierungen identifizieren ließen. Konservative Gesellschaftsbilder kritisieren nämlich ihre jeweilige Gesellschaft im Lichte eines unterstellten status quo ante, einer historisch als real angenommenen, aber revolutionär zerstörten alten Ordnung. Die ersten konservativen Sozialtheoretiker im strengen Sinne waren die Theoretiker der Gegenrevolution. Die politisch-intellektuelle Formation, die sie repräsentierten, war eine Reaktionsbildung gegen die bürgerliche Revolution. Die Waffen ihrer Kritik bezogen sie aus vor-bürgerlichen Magazinen.

Jenes *ante* zwischen dem wiederherzustellenden Status quo steht für eine – von den Konservativen jeweils unterstellte – katastrophische Zäsur, die die integre alte Ordnung von der verfallenen Gegenwart trennt. Im Entwicklungsgang der bürgerlichen Gesellschaft hat sich dieses konservative Bild mit den verschiedensten Inhalten gefüllt. Die Logik dieser Inhalte folgte der allmählichen Ausbreitung der kapitalistischen Produktionsweise, republikanischer Institutionen und bürgerlicher Kulturformen wie ein seitenverkehrter Schatten. *Sozial* konservativ war der Widerstand gegen die Auflösung der ständischen Ordnung, *politisch* konservativ war das Beharren auf der Autorität der spätabsolutistischen Herrschaft, *kulturell* konservativ war der traditionalistische Widerstand gegen den aufklärerischen Rationalismus. Seinen jeweiligen Gehalt hat sich der Konservatismus von den Innovationsschüben der bürgerlichen Gesellschaft vorgeben lassen. Reaktivität auf die Vorgaben bürgerlicher Entwicklung war also das formale Kriterium, anhand dessen sich der alte Konservatismus identifizieren läßt. Doch schon in der Reaktion auf die Anfänge der sich organisierenden Arbeiterbewegung und einer sozialstaatlichen Beschränkung des Kapitalismus, also in der Reaktion auf tendenziell nach-bürgerliche Bewegungen, wandelt sich jenes Reaktivitätsmuster. Die lange Übergangsphase vom liberalen Nachtwächterstaat zum gegenwärtigen massendemokratischen Wohlfahrtsstaat war denn auch geprägt durch Allianzen eines politisch-kulturellen Traditionalismus mit einem technokratischen Progressismus.

Heute ist die den alten Konservatismus kennzeichnende reaktive Nachträglichkeit in bezug auf das jeweils erreichte bürgerliche Entwicklungsniveau – was zugleich die Unterscheidbarkeit von Konservatismus und Liberalismus ausmachte – zum endgültigen Abschluß gekommen. Der alte Konservatismus hatte sich aus den Ressentiments gegenüber einer vollzogenen bürgerlichen Emanzipation gespeist. Der neue Konservatismus steht auf dem Legitimitätsboden eben dieser bürgerlichen Gesellschaft. Wer die neuen Konservativen »umgefallene Liberale« nennt, trifft nur die Schale, nicht den Kern der Sache. Der intellektuell avancierte Konservatismus hat vielmehr die bürgerliche Gesellschaft eingeholt. Das macht ihn vom Liberalismus allmählich ununterscheidbar. Daher ist es auch nur ein Streit um Worte, ob man jenen intellektuell avancierten Konservatismus mit dem Etikett »neokonservativ« oder »neoliberal« belegt.

Wenn ich im folgenden von den traditionellen Formen des *Sozialismus* rede, beschränke ich mich auf die prominentesten politischen Parteiungen, in denen die Marxsche Lehre eine organisatorische Gestalt gefunden hat, nämlich auf den Bolschewismus und die Sozialdemokratie. Die vieldiskutierte »Krise des Marxismus« ist nicht einfach eine der marxistischen Theorie, sondern eine Krise ihres Verhältnisses zur Realität sozialistischer Politik. Dem »realen Sozialismus« ist weder die Verwirklichung eines Reiches der Freiheit gelungen noch die Realisierung einer wahrhaft klassenlosen Gesellschaft; selbst die Gewährleistung eines relativ krisenfreien Wirtschaftsablaufs ist ihm mißlungen. Die Sozialdemokratie hat sich mit einem Programm der wohlfahrtsstaatlichen Kompensation kapitalistischer Dynamik beschieden. Ein in der theoretischen Tradition des Marxismus selbst angelegter Bedingungskomplex für das Scheitern sozialistischer Politik an ihrer eigenen Norm liegt in einer evolutionistischen Geschichtsauffassung. Traditionelle sozialistische Politik versteht sich nämlich als eine der kollektiven Organisation des Fortschritts, die ihre Wurzeln im Frühsozialismus hat. Dieser konzipierte Geschichte als einen im strengen Sinne *naturwüchsigen* (d.h. der menschlichen Disposition eigentlich entzogenen) Anstieg der kollektiven Fähigkeiten, Fertigkeiten und Ressourcen in der gesellschaftlichen Naturaneignung. Es ist nicht ohne begriffsgeschichtliche Ironie, daß die frühen Sozialisten für dieses evolutionäre Geschichtsbild den Begriff der »sozialen Bewegung« verwandten – eine metaphorische Übertragung des physikalischen Bewegungsbegriffs auf die Gesellschaftsgeschichte. Wir hingegen neigen heute zu der Auffassung, daß der Begriff »soziale Bewegung« diejenigen sozialen Trägergruppen bezeichnet, die um eine gesellschaftliche Entwicklungsrichtung kämpfen, über deren objektive Gerichtetheit keine Aussagen möglich sind.

  Dieses Rationalitätsmodell ist in die beiden Strömungen des institutionalisierten Marxismus – den Bolschewismus und die Sozialdemokratie – in sehr unterschiedlicher Weise eingeflossen. Im Bolschewismus hat eine unmittelbare Identifikation des gesellschaftlichen Fortschritts mit der technischen Entfesselung der Produktivkräfte stattgefunden. Wegen der besonderen geographisch-historischen Bedingungen der russischen Revolution wurde der Sozialismus bolschewistischer Prägung rasch auf ein autoritäres Konzept technokratischer Modernisierung reduziert. Gewichtungskonflikte zwischen einer demokratischen Einrichtung der Produktionsverhältnisse und einer technisch-effizienten der Produktivkräfte wurden in der Sowjetunion gar nicht erst anerkannt. Von Lenins berühmtem Wort: »Sozialismus ist Sowjets plus Elektrifizierung« ist spätestens seit Stalin nur noch die Elektrifizierung übriggeblieben.

Die frühen Sozialdemokraten der Zweiten Internationale waren reine Evolutionisten. Der Bourgeoisie warfen sie weniger die Aneignung des Mehrwerts vor als die – durch die kapitalistische Gesellschaftsorganisation verursachte – zu geringe Ausnutzung der Produktivkräfte. Engels meinte noch, die revolutionäre Aneignung der Produktion würde zu einer solchen Explosion der gesellschaftlichen Reichtümer führen, daß Verteilungsprobleme der Vorgeschichte angehörten. Unter den Bedingungen der wohlfahrtsstaatlichen Massendemokratien der Gegenwart besteht die Logik sozialdemokratischer Politik nicht mehr in der revolutionären Aneignung der Produktivkräfte, sondern in der sozialstaatlichen Einfriedung ihrer fremd- und selbstzerstörerischen kapitalistischen Dynamik. Da die Sozialdemokraten aber – anders als die Bolschewisten – die Erzeugung des gesellschaftlichen Reichtums nicht selbst politisch organisiert haben, müssen sie die Mittel zur wohlfahrtsstaatlichen Bändigung der kapitalistischen Dynamik durch die steuerliche Abschöpfung der privaten Produktion gewinnen. Die Sozialdemokratie verhält sich zum kapitalistischen Wachstum wie ein Gärtner zum Obstbaum, aus dessen Ertrag sein Lohn finanziert wird, und der sich somit dem beständigen Konflikt ausgesetzt sieht, seine Erträge aus einem besseren Wachstum zu maximieren, ohne elementare Gesetze der Ökologie zu verletzen. Maximales Wirtschaftswachstum ist die entscheidende Erfolgsbedingung sozialdemokratischer Politik. In fiskalischen Krisenzeiten kann sie genötigt sein, diese privaten Wertschöpfungsquellen in einem Maße zu pflegen, daß ihre politische Orientierung von der einer bürgerlichen Regierung ununterscheidbar wird und die Frage entsteht, ob letztere diese Geschäfte nicht effizienter betreiben kann.

Im Zentrum der politischen Rationalität der institutionalisierten sozialistischen Bewegungen steht also die Annahme einer historischen Gesetzlichkeit, die der menschlichen Disposition eigentlich entzogen bleibt und dem politischen Willen nur die Möglichkeit beläßt, technische Voraussetzungen und distributive Folgen dieser Gesetzlichkeit zu manipulieren. Praxisphilosophische Ansätze des Marxismus, die auf die Aneignung und Transformation dieser Gesetzlichkeit selbst abzielen, haben sich in der Geschichte der Arbeiterbewegung nicht durchsetzen können.

Erst aus der Perspektive der gegenwärtigen technik- und wachstumskritischen »neuen sozialen Bewegungen« kommt diese Krise traditioneller sozialistischer Politik in den Blick. Bei aller bunten Verschiedenheit der Akteure und Anlässe sind sie geeint durch die entschiedene Abkehr vom Rationalitätsmodell des *alten* Sozialismus. Diese Abkehr wird sinnfällig an der irritierenden Verkehrung der Blickrichtung. Nicht mehr das zukunftsorientierte Vertrauen in eine nur richtig und gerecht verwaltete Produktivkraftentwicklung ist antreibendes Moment und utopisches Telos dieser neuen Bewegungen – sondern die Verteidigung, ja Konservierung, der »Schutz«, die »Bewahrung« noch gegenwärtiger, bedrohter Lebens- und Wertbestände. Daß indes diese Umwidmung der Blickrichtung nicht per se der Idee des Sozialismus widerstreitet, mag man daraus ersehen, daß das ungeheure Anschwellen der Arbeiterbewegung in der Mitte des 19. Jahrhunderts auch nicht Folge einer utopischen Hoffnung auf eine kommunistische Gesellschaft war, sondern Reaktion auf eine brutale kapitalistische Modernisierung, die Kleinbauern, Tagelöhner und Handwerker aus ihren ständisch-traditionalen Lebensformen gerissen hatte. Diese Re-orientierung sozialistischer Politikrationalität von einem Modell des Bewirkens von Produktionsfortschritt hin zu einer Verteidigung von Lebens- und Wertbeständen findet gegenwärtig – nach Claus Offe – an drei Fronten statt: zunächst in der Verteidigung der natürlichen Lebensgrundlagen der Gesellschaft, dann in der Verteidigung und Einklagung von Bürger- und Menschenrechten und schließlich in der Verteidigung der Überlebensinteressen der Gattung überhaupt.

Wider das politische Grundmotiv des Neokonservatismus, welcher die neuen sozialen Bewegungen durchweg als »antimodernistischen Protest« diskreditiert, schlage ich vor, sich in einen Blick einzuüben, der diese als mögliche Träger eines qualitativ *anderen* Fortschritts ansieht.

Der Triumph des »neuen« über den »alten« Konservatismus, die lange Pathologie der traditionellen Formen des Sozialismus und das Auftauchen der neuen sozialen Bewegungen der Frauen, Ökologen und Radikaldemokraten können nicht als Indiz dafür gewertet werden, daß sich die Unterscheidbarkeit der Richtungsbegriffe »rechts« und »links« geändert hätte. Verschoben hat sich indes der

Maßstab selber, anhand dessen eine politische Programmatik als »rechts« oder »links« eingestuft werden kann. Der fundamentale politische Streit, in dessen historisches Zentrum wir offenbar eintreten, ist eben einer um diesen Maßstab. Es ist ein politischer Streit um eine *neue Symbolisierung des historischen Fortschritts*.

Noch bis vor wenigen Jahren war es nicht nur den Apologeten, sondern auch manchen marxistischen Kritikern der kapitalistischen Modernisierung selbstverständlich, in der zunehmenden Integrierung von Arbeitskraft in den Markt, in der Bürokratisierung politischer Herrschaft, in der Verrechtlichung sozialer Gruppenbeziehungen, in der Professionalisierung von Dienstleistungen, in der Ersetzung von Alltagswissen durch wissenschaftliches Wissen etc. einen historischen *Fortschritt* zu sehen. Dieser auf »Modernisierung« reduzierte Fortschritt hatte sein Modell in der Kolonisierung: Gebiete einer noch traditionsgesteuerten Produktion geraten in den Sog des Marktes und einer auf dessen Notwendigkeiten hin abgestellten staatlichen Bürokratie. Diese Identifikation des Fortschritts mit »Modernisierung« war so suggestiv, daß die politischen Widerstandsaktionen gegen seine jeweilige zeitgenössische Ausprägung, seien es Agrarrevolten, Weberaufstände oder populistische Kämpfe, im Lichte jenes evolutionistischen Fortschrittsbildes lediglich als »antimodernistischer Protest« aufschienen. Für funktionalistische Soziologen sind solche Revolten nur Übergangssymptome eines traditionalistischen Widerstandes gegen »evolutionäre Systemimperative«, für ökonomistische Marxisten allein irrationaler Protest kleinbürgerlicher Zwischenschichten gegen den abgefahrenen Zug der Geschichte.

Seit seinen Ursprüngen in der frühbürgerlichen Geschichtsphilosophie ist im Begriff des »Fortschritts« eine Zweideutigkeit angelegt. Auf der einen Seite bezeichnet er Aspekte der sozialen *Emanzipation*. »Fortschritt« war die Befreiung des Menschen aus traditionalen Beschränkungen der Selbstentwicklung. In der Verfolgung eigener materieller Interessen ohne ständische und feudale Fesseln, in der gleichberechtigten Teilnahme aller am politischen Willensbildungsprozeß sowie in der reflexiven Aneignung einer von vorrationalen Borniertheiten befreiten Kultur sollten die Bürger ihrer individuellen und kollektiven Potenzen gewahr werden. Auf der anderen Seite war der Begriff »Fortschritt« bezogen auf die technische Dimension der *Modernisierung* jener produktiven Instrumente und Institutionen, in denen sich die gesellschaftliche

Arbeit vollzog. »Fortschritt« war somit auch die Freisetzung gesellschaftlicher Systeme zu ihrer autonomen, von Imperativen traditionaler Sittlichkeit abgekoppelten Logik. In diesem Sinne »fortschrittlich« war die von Gebrauchswertrücksichten befreite kapitalistische Akkumulation, der von personalen Loyalitätsverpflichtungen entlastete Verhaltenscodex der staatlichen Bürokratie und der von außerwissenschaftlichen Rücksichtnahmen unbeirrte Selbstlauf naturwissenschaftlich-technischer Entwicklung. Nur in der gemeinsamen Frontstellung gegen die – in die feudale Sozialstruktur und in das traditionale Weltbild – eingebauten Entwicklungsbarrieren konnten jene beiden Aspekte des Fortschritts eine Einheit bilden. Auch in unterentwickelten Gesellschaften von heute stellen technische Modernisierung und soziale Befreiung keinen notwendigen Gegensatz dar. In den hochentwickelten spätindustriellen Gesellschaften jedoch wird die funktionale Dominanz der Wirtschaft und der staatlichen Verwaltung längst nicht mehr durch die Abkoppelung von einer traditionalen Sittlichkeit garantiert. Die sozialtechnische Rationalisierung hat ein solches Niveau erreicht, daß sie sich der Idee der Steuerung durch einen kollektiven Willen selbst zu widersetzen begonnen hat. So wurde die Idee des Fortschritts zu einem gegenüber der Chance sozialer Emanzipation indifferenten, ja ihr zuwiderlaufenden Schema technokratischer Modernisierung. Ich habe in den vorstehenden Kapiteln gezeigt, daß die gegenwärtigen Kämpfe um eine neue Symbolisierung des historischen Fortschritts sich in genau jenen kulturellen Räumen abspielen, welche durch die Auflösung jener prekären Synthese von Emanzipation und Modernisierung eröffnet wurden. Ihre Akteure reagieren darauf, daß *alles* möglich geworden ist – die Abschaffung des materiellen Elends, der Entfremdung und Unfreiheit so sehr wie die Steigerung der Repression, der Entfremdung und Not, ja selbst die nukleare Selbstvernichtung der Gattung. Sollte es jenen Historiographen im dritten Jahrtausend noch geben, so würde er vielleicht registrieren können, daß in den gegenwärtigen Kämpfen gegen den destruktiven Selbstlauf großtechnischer Entwicklung, gegen die rein marktmäßige Zurichtung menschlicher Arbeitskraft, gegen die Beschränkung der Demokratie, gegen die autoritäre Indienstnahme der Kultur die – bis heute immer nur negativ markierte – Spur eines anderen Fortschritts sichtbar wurde.

edition suhrkamp. Neue Folge